A TRAVERS MONTMARTRE

300 Dessins de HENRY DE MARANDAT

Texte par OCTAVE CHARPENTIER

" LE CROQUIS ", IMPRIMEUR-EDITEUR

9, Place de la Bourse, PARIS

1913

A TRAVERS
MONTMARTRE

OUVRAGES de Octave CHARPENTIER :

Premier essor, 1 vol. vers . . . . épuisé

La Semaine de Sylva, plaquette . . Pascal, éditeur.

Les Saisons, album en couleurs . . . . . 5 fr. »
Le Croquis, éditeur.

La Contravention, saynète . . . . o fr. 75
Le Croquis, éditeur.

La Voix des Catacombes, 1 acte en vers. 1 fr. »
Le Croquis, éditeur.

POUR PARAITRE PROCHAINEMENT :

Les Poèmes Infernaux, 1 vol. vers, grand in-8, luxueusement imprimé en deux couleurs sur alfa vergé . . . . 5 fr. »
Le Croquis, éditeur.

Le Chevalier aux Fleurs, ouvrage de grand luxe, planches en couleurs, *d'après G. Rochegrosse.* Eaux-fortes en noir et 18 têtes de pages en eau-forte, limité à 250 exempl. . De 100 à 225 fr.

EN PRÉPARATION :

Les Vierges de Mai, 2 actes avec ballet.

Les Chansons du Vent.

Notre France, poème.

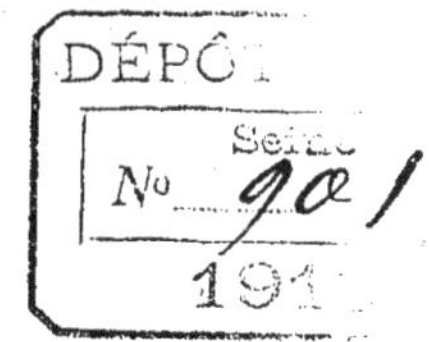

A TRAVERS MONTMARTRE

ENVIRON 300 DESSINS PAR HENRY DE MARANDAT
TEXTE PAR OCTAVE CHARPENTIER

PARIS
LE " CROQUIS " IMPRIMEUR-ÉDITEUR
9, Place de la Bourse — Tél. 317-12

1913

Il a été tiré de cet ouvrage :

12 exemplaires sur Japon Impérial numérotés de 1 à 12 et signés par les Auteurs.

35 exemplaires sur Vélin d'Arches numérotés de 13 à 47 et signés par les Auteurs.

AVANT-PROPOS

LORSQUE, dans cinquante ans, dans cent ans, les Parisiens, curieux du passé, découvriront qu'il existait, presque au cœur du Paris fiévreux, une délicieuse cité aux ruelles tortueuses, aux impasses imprévues, parsemée de jardins, de tonnelles, une cité aux vieilles maisons à toit de tuiles que dominaient de légendaires moulins, aux ailes éployées, ils se demanderont comment, pourquoi tout cela a disparu. Et, quand ils entendront les bourrasques déchaînées hurler dans Montmartre, en heurtant les murailles, comme la vague marine heurte la digue, ils s'imagineront — si quelque imagination délicate leur reste — ouïr les imprécations du vent stigmatisant de sa colère les barbares, auteurs de cette destruction.

Hélas ! pourtant, Montmartre aura vécu !

Aussi ce livre, — cet album plutôt — est une

sorte de pélerinage à travers la Butte que le parisien, de tout temps, aima — souvent sans la connaître — et que l'étranger curieux ne manque pas de visiter.

Bien que la modeste cité du haut de la montagne soit, à vrai dire, à peu près la seule partie intéressante au point de vue du pittoresque, nous avons fait, à la fin de l'ouvrage, une incursion en plein Montmartre-joyeux. D'ailleurs, depuis le *Chat-Noir* de Salis, jusqu'aux nombreux cabarets modernes des boulevards extérieurs, que de poètes, écrivains et chansonniers notoires prirent là, contact avec le grand public. La Chanson montmartroise, elle aussi, a fait le tour du monde et le plus pur de l'esprit français, léger, caustique et primesautier, s'y dépense avec prodigalité.

Cette dernière partie de notre livre sera cependant moins étendue que l'autre, tenant à conserver la première place au Montmartre-pittoresque qui chaque jour s'en va, alors que les *boîtes* et *cabarets*, au contraire, se multiplient.

Le texte qui accompagne les dessins de Henry de Marandat n'est en somme qu'un guide sommaire, notre intention formelle étant de laisser la première place aux dessins. Ces dessins sont, d'ailleurs, assez éloquents par eux-mêmes pour n'avoir pas besoin de littérature en soutien.

Pour ceux de nos lecteurs que Montmartre intéresserait au point de vue histoire, archéologie, etc., nous les renvoyons à la bibliographie que nous donnons à la fin du volume.

Nous devons, au début de ces pages, un salut déférent à la Société « Le Vieux Montmarte » qui, depuis près de trente ans défend, pied à pied, la butte contre les vandales — tâche ingrate, car la défaite était fatale, mais lutter sans espoir est beau — et nous la remercions d'avoir collaboré à notre œuvre en mettant ses documents à notre disposition.

Puisse ce livre, en faisant mieux connaître Montmartre, contribuer à sauvegarder quelques coins de notre vieux village, perché au-dessus de la capitale tumultueuse, comme le refuge béni des artistes, des penseurs et des poètes, auxquels confraternellement il est dédié.

Octave CHARPENTIER.

PREMIÈRE PARTIE

MONTMARTRE PITTORESQUE

I

MONTMARTRE est un pays inconnu du parisien comme de l'étranger. Pour l'un comme pour l'autre, il tient, tout entier, entre la place Pigalle et la place Clichy.

Connaître Montmartre, c'est connaître ses cabarets, ses bals, ses restaurants de nuit ; un point, c'est tout.

Si, pour l'étranger, Paris est la Babylone moderne, pour le parisien, Montmartre est le théâtre des orgies les plus fantasques. Aller à Montmartre, c'est se débaucher. Habiter Montmartre, c'est vivre dans la débauche perpétuelle.

Le bourgeois s'imagine, volontiers, que la colonie d'artistes qui peuple la Butte vit là dans un aimable

farniente : il se la représente comme une bohême à la Mürger, se livrant aux farces les plus risquées, en bandes tumultueuses. Il voit les ateliers égayés par des modèles complaisants : l'artiste y reçoit ses amis au milieu d'un essaim de jeunes femmes très dévêtues, au parler licencieux, au geste à l'avenant. C'est, dans son esprit, quelque chose comme un paradis de Mahomet aux mœurs faciles.

— Modèles !... on sait ce que ça signifie !... et bien surpris serait-il le malin bourgeois à qui l'on affirmerait l'existence de *modèles* de mœurs irréprochables et qui ne tolèrent pas même la plus anodine liberté !

— Ah ! non !... laissez-moi rire !... on ne me la fait pas, à moi !... Ah ! ce Montmartre !

Eh ! bien ce Montmartre, honnête sans pudibonderie, ce Montmartre laborieux existe. Certes, on n'est pas bégueule sur la Butte. C'est une bizarre république d'où sont bannis contrainte stupide et sots préjugés. C'est cette grande liberté qui met un regret dans l'âme de ses exilés et, souvent, les y ramène. Le dévergondage qui fleurit de Pigalle à Clichy n'existe sur le faîte que par exception. On travaille ferme dans les ateliers et la pléiade d'artistes, de tous genres, que Montmartre donna à Paris, à la France, à l'Univers l'atteste péremptoirement. Les meilleurs, les plus sincères des écrivains et artistes modernes vécurent là, et leurs noms sont sur toutes les lèvres. Nous aurons occasion de parler dans cet ouvrage — trop hâtivement certes — de nombre d'entre eux.

Aussi le voyage que nous entreprenons à travers Montmartre va délaisser, dès le début, le Montmartre des fêtards — seul connu — pour explorer, avec conscience, le haut de la vieille montagne.

Et malgré la dévastation dont, depuis vingt ans et plus, elle est victime, on demeurera surpris d'y rencontrer encore tant de calme rustique, de pittoresque solitude.

II

GRAVISSONS donc, tout d'abord la rue Lepic, artère montmartroise par excellence. Le marché qui s'y tient quotidiennement y entretient un perpétuel grouillement fort spirituellement décrit par Jeanne Landre dans un de ses romans plutôt consacré aux mœurs du Montmartre joyeux. C'est là où se manifeste déjà la liberté d'allures des indigènes, leur indifférence à l'égard de l'opinion. Ménagères, ouvriers, petits bourgeois, cocodettes en peignoirs bonbon-fondant, vieux cabotins retraités, jeunes rapins, commis et boutiquiers, se heurtent et se démènent, affairés. C'est l'heure des provisions : les cabas et les paniers s'emplissent, et le flâneur a sous les yeux un tableau mouvementé, un défilé de cinématographe bruyant qui ne lasse jamais. Les types de la rue sont amusants. Des silhouettes imprévues défilent : les plaisanteries grasses et pimentées ricochent d'éventaire à éventaire ; les cris, aigus ou graves, font appel à la clientèle ; la familiarité est prompte, la riposte alerte, la rosserie bon enfant. Les heures d'at-

RUE THOLOZÉ

tente sous la pluie, sous la neige, par les frimas, sont dures : un petit noir et un verre de casse-poitrine entretiennent la bonne humeur. Le marché se continue rue des Abbesses.

A l'angle de la rue des Abbesses, nous nous trouvons en face de la rue Tholozé, rampe raide au bout de laquelle apparaît, là-bas, le Moulin de la Galette. En raison de la rapidité de sa pente, aucune voiture ne suit la rue Tholozé, d'ailleurs fermée à son extrémité, près du moulin, par un escalier

RUE DE L'ORIENT

donnant accès à la rue Lepic. Aussi est-elle le paradis des enfants, qui s'installent au milieu de la chaussée sans se soucier des passants. L'été, les commères, le soir, y font la causette sur le seuil des portes. C'est la province potinière et musarde; seuls les échos de la musique du Moulin, les soirs de bal, détruisent cette impression.

Si, à l'angle de la rue des Abbesses, au lieu de prendre la rue Tholozé, nous continuons notre promenade par la rue Lepic qui décrit vers la gauche un grand arc — dont la rue Tholozé est la corde — nous arrivons bientôt à la rue de l'Orient, à main droite.

Déjà, en quelques minutes, nous voici à des lieues de Paris, transportés au fond de la plus paisible province. En prêtant l'oreille, cependant, le bourdonnement confus de la ville formidable nous parvient, comme un bruit de marée, coupé par les sons de trompe des autos et les sifflets des gares. Là, commencent à apparaître les jardinets chers aux Montmartrois. C'est rue de l'Orient que réside Poulbot le très spirituel dessinateur des gavroches montmartrois et parigots qu'il campe de si pittoresque façon. Le fou rire accueille immanquablement ses compositions très personnelles, ses légendes d'un sel si gaulois. Sa caricature est gaie, vraiment, alors que tant d'autres donnent une sensation pénible..... je dirais même l'envie de pleurer. Un des aspects les plus caractéristiques de

PASSAGE RUE LEPIC

la rue de l'Orient se révèle le soir, à l'heure où la

grande ombre nocturne choit sur la cité et fait surgir — comme d'un coup de baguette magique — la scintillante parure de ses gaz et de son électricité. Alors, la rue de l'Orient allume ses trois quinquets fumeux et, sous la garde de leur tremblottement falot, s'endort avec sérénité.

Le dessin que nous donnons ci-contre représente le passage qui conduit de la rue Lepic à la rue Caulaincourt. De ce passage auquel la grille démolie donne un air de désarroi vétuste, la vue sur l'atelier et les jardins d'en face est intéressante.

Et soudain, vers la gauche, se profile très haut au-dessus de nous, la silhouette sombre du Moulin de la Galette.

Avant d'y atteindre, nous nous permettrons de forcer la porte d'un de nos plus originaux artistes montmartrois : Léandre, et nous lui demanderons de nous permettre l'accès de son jardin. Avec un bienveillant sourire il nous accueillera et nous conduira de suite à sa « forêt » accidentée, ravinée, déplorant notre venue hors de la saison des clématites qui, aux jours torrides de l'été, étendent leur dais protecteur sur son labeur heureux. Oh ! l'aimable et fantaisiste jardinier qui sait mettre à profit l'exquise sérénité de son domaine, peuplé de chats siamois,

LA FORÊT DE LÉANDRE

chiens, singe, condor, etc., pour nous adresser, comme d'une campagnarde et lointaine retraite, ses spirituelles et mordantes images, joie de nos loisirs.

RUE LEPIC

III

MOULIN DE LA GALETTE !..... cela sonne, à mi-côte, comme le clairon de la halte !

Le crayon, la plume, le pinceau l'ont reproduit sous toutes ses faces, ce doyen des moulins de la montagne montmartroise — mais, planté sur cette cîme comme le symbole de l'insouciante et joyeuse fantaisie des indigènes, il mérite, plus que jamais, notre salut !

Il y a un an, ils étaient encore trois, les vieux moulins ! L'un d'eux, dit le moulin à poivre, l'hiver dernier fut arraché à l'asile de verdure qui l'enveloppait jalousement et démembré sans pitié, pour permettre d'ouvrir une large avenue, — l'avenue Junot — et de bâtir en bordure de cette avenue, les gigantesques cubes de pierre qui déshonoreront la butte. Il est parti le pauvre vieux moulin, disloqué par des mains sacrilèges, avec, pour conduire son deuil, le douloureux Pierrot de Willette qui seul, n'oublie pas les amis d'antan.

Les neuves avenues qui trouent les vieux quartiers sont les fleuves dévastateurs qui emportent tout sans discerner.

ILS ÉTAIENT TROIS JOLIS MOULINS...

CHANSON DES MOULINS

Musique de RAHMS

Ils étaient trois jolis moulins
Qui, pimpants, couronnaient la Butte...
Ils étaient trois jolis moulins
Qui moulaient les plus gais refrains.

Le moulin à poivre n'est plus !
Il fit la suprême culbute !
Le moulin à poivre n'est plus !. .
Pleurez malins amours joufflus...

Pleurez, petits dieux bien en chairs
Qui faisiez valser les cornettes —
Pleurez, petits dieux bien en chairs,
Qui planez, tout nus, dans les airs

Pleurez ! Ninon n'entendra plus,
Sous l'éploiement des larges ailes,
Ces mots ardents et résolus
Qui font trembler les jouvencelles !

Ils étaient trois jolis moulins
Qui, pimpants, couronnaient la Butte...
Ils étaient trois jolis moulins
Qui moulaient les plus gais refrains !

LE MOULIN DE LA GALETTE

POURTANT ils sont, les vieux moulins, les vestiges respectables d'un temps où Montmartre riait et chantait sainement en buvant sous les tonnelles. Leurs ailes ont tourné à tous les vents et, dans la tempête que fut pour la France l'invasion des coalisés en 1814, la révolte héroïque de leur propriétaire leur valut un tragique baptême de sang.

LE MOULIN — ANGLE DE LA RUE GIRARDON

MOULIN DE LA GALETTE (VU DE L'EMPLACEMENT DE L'ANCIEN MAQUIS)

Un DEBRAY, en effet, près de trois de ses frères, tombés en braves, salua le vainqueur d'une volée de mitraille. Criblé, déchiqueté, son corps en lambeaux fut accroché aux ailes du moulin : elles furent la croix sur laquelle ses restes glorieux demeurèrent cloués.

C'est ainsi qu'aux souvenirs jolis du vieux bal se mêle le drame atroce.

C'est à cette vision d'épouvante, peut-être, que l'impressionnable André Gill — encore un montmartrois du meilleur cru — dût l'inspiration macabre de son fantastique poème *Le Moulin de la Galette*, moulin auquel il fait *revenir* les filles qui s'y débauchèrent.

« Il semble que Paris en rut,
« Après les avoir polluées,
« Rejette au lieu de leur début
« Les ombres des prostituées.

« Et qu'on entende reins, cassés,
« Chahuter, parmi la tempête,
« Un bastringue de trépassés,
« Dans le Moulin de la Galette.

A. Gill.

La puissance de ces sombres images ne suffira pas à éloigner les jeunes couples du « Moulin », pas plus qu'elle n'éteindra le rire sur leurs lèvres. Amours sincères, amourettes et passades, continueront à naître là, comme partout où s'amuse la jeunesse et toujours le mal et le bien y voisineront. Le Moulin de la Galette demeure le clocher de la paroisse des fous. De quelque côté que lui vienne le vent, c'est toujours le vent de la Fantaisie

qui souffle. Ce ne sont plus les ailes du moulin qui tournent, mais les couples enlacés en des valses voluptueuses et de têtes grisées qui rêvent à l'amour.

Nous avons parlé, tout à l'heure, du délicieux Pierrot de Willette : au plus Montmartrois de nos artistes de génie contemporains, au poète simple et délicat qui se révèle en chacun de ses dessins, nous nous permettrons de dédier cette légende :

PREMIÈRES NEIGES

A Adolphe Willette.

EN vol lent et silencieux
Cette nuit, la première neige
Sans un arrêt a chu des cieux...
Miséreux que Dieu vous protège!
Et quand le jour, comme à regret,
S'arracha du manteau de l'ombre
Montmartre apparut, orfévré
Et radieux, dans le ciel sombre.

Oh ! les féeriques floraisons
De ces arbres jolis et pâles
Qui, sous d'insensibles frissons,
Sèment leurs fragiles pétales !
— Qui me fait signe ?.. Eh ! c'est Pierrot...
Oui, c'est le Pierrot de Willette
Perché sur l'aile, — tout là haut, —
Du vieux Moulin de la Galette

Il se dresse, joyeux, grisé !
Tout ce blanc l'émeut et l'enchante
Et voici qu'il jette un baiser
A Paris, comme à quelque amante.
— « Te voici donc, chère cité,
« Ainsi que te voulait mon rêve !.
« Au linceul Paris-Volupté !.
« Que Paris-Chaste enfin se lève !

« Courtisanes vous n'êtes plus !
« Viveurs aux faces émaciées
« Vos vils plaisirs sont révolus !
« Voici les pures fiancées.
« Leur radieuse procession
« De Montmartre atteint la colline :
« J'entends le cri de passion
« L'appel divin de Colombine !

« *Oui ! c'est la Terre et c'est le Ciel*
« *Qui pour notre bel hyménée*
« *Ont fait ce décor solennel*
« *Symbole de ma destinée !*
« *Oh ce blanc ! ce blanc !.. tout ce blanc !*
« *Ce joli blanc des vierges blanches !*
« *Et voici que, tout bas, troublant,*
« *Le vent joue de l'orgue en les branches.*

« *Hosannah ! gloire à l'infini !*
« *Arbres, clochers, toits, cheminées,*
« *Vêtus du blanc voile béni*
« *A mes prunelles étonnées*
« *Vous vous offrez... Mon pauvre cœur*
« *Bat à se rompre, en ma poitrine !..*
« *J'entends, j'entends le cri vainqueur*
« *L'appel divin de Colombine.*

« *J'entends, j'entends !.. viens dans mes bras,*
« *Viens ma joyeuse fiancée !*
« *Sonneurs, sonnez à grand fracas !*
« *Clochers, aux flèches élancées,*
« *Laissez choir de gais carillons !*
« *Pierrot épouse Colombine*
« *Dans un tourbillon de flocons*
« *Et tout enveloppé d'hermine !* »

... Ainsi Pierrot pâle, dément,
Du moulin clame son délire.
L'aile vibre... Soudain, gaîment,
Au-dessous fuse un jeune rire,
Un rire cliquetant, perlé,
Un rire de femme amoureuse
Auquel répond, non moins ailé,
Un autre rire!... — « Ah! ah! la gueuse!..

Pierrot a reconnu la voix,
Pierrot a reconnu le rire!
Du moulin, les ailes en croix
Sont la croix où Pierrot expire.
C'est là le rire meurtrier
De Colombine la coquette,
Que prit, cette nuit, le meunier
Du vieux Moulin de la Galette.

Pierrot s'est penché... les a vus
Qui s'embrassaient, à pleine bouche
Et s'étreignaient, fous, demi-nus!..
... Pierrot pousse un râle farouche,
Ouvre les bras éperdûment,
Gémit, maudit, fait la culbute,
Et dévale, brisé, sanglant,
La pente raide de la Butte.

Quand on le trouva, demi-mort,
La neige n'était plus que boue,
Et de grosses larmes encor,
Lentes, ruisselaient sur sa joue.

Depuis, dans Montmartre, à pas lents,
Il erre... et ses sombres prunelles
Rendent inquiets les amants
Qui croient aux amours éternelles !

LA FERME DEBRAY

Sans prolonger exagérément notre station au Moulin de la Galette nous jetterons un coup d'œil sur l'emplacement de l'ancien *« maquis »*. Tout est maintenant rasé : les bâtisses en carreaux de plâtre, les ateliers sommaires, les cahutes de planches, les cantines, *la feuillée,* le bal et le beuglant pittoresque ont fait place à l'avenue Junot, dont les premiers immeubles érigent la froideur de leurs façades modernes. Près de la ferme Debray la plate-forme où l'an dernier l'on voyait le troisième moulin, le moulin à poivre, n'est plus que sables et que plâtras.

RUE JUNOT

Elle domine l'impasse Girardon qui permet de s'imaginer ce qu'était l'ancien *Maquis*. En effet, quelques modestes ateliers y demeurent encore au milieu de jardins et l'on trouvera, dans nos illustrations, l'amusant tableau d'un sculpteur travaillant en plein air, abrité simplement par une toile Or cette scène qui, aujourd'hui, apparaît insolite, s'offrait fréquemment aux pro-

IMPASSE GIRARDON

meneurs qui visitaient la Butte il y a quinze ou vingt ans. Le *maquis* n'était qu'une pittoresque république d'artistes et d'artisans, quelque peu débraillés, certes, mais on y était en famille et l'on ne quittait guère le vêtement de travail.

Attenants au jardin qui enceint le Moulin de la Galette, du côté de l'ancien maquis, de nombreux petits jardinets, enclos de planches dévalent jusqu'à la rue Lepic. Un peu plus loin c'est l'énorme atelier

IMPASSE GIRARDON — SCULPTEUR EN PLEIN AIR

IMPASSE GIRARDON

du peintre Ziem, récemment décédé, dont tout le monde connaît les *Venise* rutilantes. Son escalier extérieur prête à cet atelier une silhouette inattendue. On en trouvera d'ailleurs divers croquis ici, car, depuis la démolition des maisons, cet emplacement devenu une sorte de terrain vague a été adopté par nombre de commères du quartier. Aux

L'ATELIER DE ZIEM

L'ATELIER DE ZIEM

beaux jours, elles s'y installent pour leurs petits papotages, ou se livrent à leurs travaux d'aiguille, en surveillant leurs enfants. C'est le terrain de jeux par excellence pour les gamins. Ils s'y donnent rendez-vous. Les cerfs-volants sous la brise fraîche, montent, montent et les cris joyeux saluent leur envol. Il s'y livre également des combats homériques : des forts

ANCIEN MAQUIS

ANCIEN MAQUIS

improvisés se dressent, des garnisons pas très disciplinées s'y dissimulent et l'armée des assaillants, avec

une furia bien française se rue à l'assaut poussant des cris rauques qui mettent en émoi les tricoteuses, les cardeuses de matelas ou les tondeurs de chiens installés dans le voisinage. Poulbot a pu noter là certaines de ses scènes pouffantes qu'il rend avec tant de

ANCIEN MAQUIS

maîtrise et de personnalité. Ses petits gavroches gouailleurs sont bien les p'tits gas alertes et fûtés qui, nez au vent et l'œil en éveil, déambulent par les venelles à la recherche d'une farce à tenter.

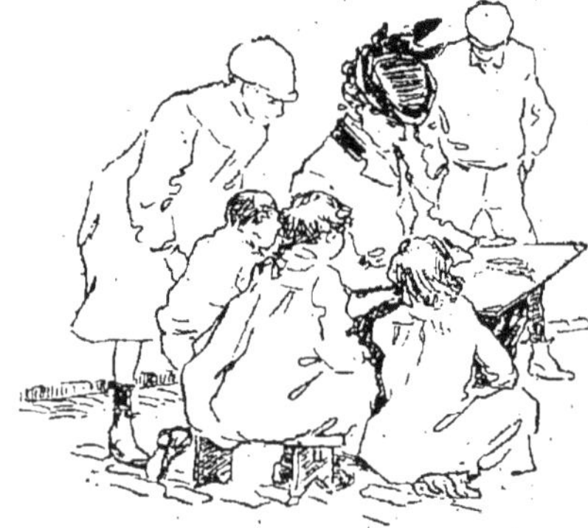

COUR DU 11 RUE GIRARDON

Nous ne quitterons pas cette terrasse sans embrasser l'horizon et les échappées impressionnantes sur la banlieue.

Après notre visite aux ruines du *maquis* nous reviendrons sur nos pas et redescendrons la rue Girardon. En pénétrant au 11 de cette même rue, nous gagnerons par un tunnel de charmilles, fort séduisant aux beaux jours, la petite cour dont nous donnons la reproduction ci-dessus.

CHATEAU DES BROUILLARDS

CHATEAU DES BROUILLARDS

IV

LE CHATEAU DES BROUILLARDS du nom de l'ancienne rue des Brouillards (aujourd'hui rue Girardon) donne encore une idée du verdoyant Montmartre d'antan. Une grille, une allée bordée de jardins; à droite, des pavillons, à gauche, le Château des Brouillards. De vieux arbres ont été respectés dans ces jardins, et, dans la belle saison, les merles, les pierrots et les pinsons y saluent l'aurore d'une joyeuse fanfare.

CHATEAU DES BROUILLARDS — L'ALLÉE

Le lilas, le lierre, le houblon, la vigne vierge et la clématite forment des berceaux discrets.

Lorsque, la nuit, au sortir du tumulte de la grande ville, de l'éclaboussement des lumières, de la furia des musiques, de la houle des théâtres et des musics-halls, on rentre sous le mystère de ces grands

CHATEAU DES BROUILLARDS — JARDIN

CHATEAU DES BROUILLARDS — JARDIN

arbres, dans l'intimité sombre de ces bosquets, dans le calme de cette oasis et que le vent seul murmure, tout doux, comme dans les taillis, une sensation profonde de paix vous envahit, de la santé s'infiltre en vous avec les effluves de la nuit, de la netteté s'impose à votre cerveau et l'on goûte, dans toute sa plénitude, la joie du refuge retrouvé. Aux fenêtres

des pavillons silencieux, discrètes, des lampes veillent, dont les lueurs semblent s'arrêter aux carreaux, respectueuses des dormantes ténèbres épandues — et ces lueurs, stagnantes comme des eaux dorées, sont encore de la poésie, de la paix !

Nous évoquerons ici la figure de Gérard de Nerval qui, dit-on, habita le Château des Brouillards : rien de surprenant à cela, car le délicieux et sensitif rêveur que fut Gérard de Nerval ne pouvait manquer de se plaire dans ce rustique décor propice aux songes délicats. Qui, d'ailleurs, mieux que lui goûta Montmartre ? Nous en donnerons comme preuve les pages suivantes que nous lui empruntons*.

« J'ai longtemps habité Montmartre.....

« ...Les maisons nouvelles s'avancent toujours « comme la mer diluvienne qui a baigné les flancs de « l'antique montagne, gagnant peu à peu les retraites « où s'étaient réfugiés les monstres informes recons- « truits depuis par Cuvier. Attaqué d'un côté par la « rue de l'Empereur, de l'autre par la mairie, qui « sape les âpres montées et abaisse les hauteurs du « versant de Paris, le vieux Mont de Mars aura « bientôt le sort de la Butte des Moulins, qui, au « siècle dernier, ne montrait guère un front moins

*_Le Rêve et la Vie_, par Gérard de Nerval, Calmann Lévy, éditeur.

« superbe. Cependant, il nous reste encore un cer-
« tain nombre de coteaux ceints d'épaisses baies
« vertes, que l'épine-vinette décore tour à tour de
« ses fleurs violettes et de ses baies pourprées.

« Il y a des moulins, des cabarets et des ton-
« nelles, des élysées champêtres et des ruelles
« silencieuses bordées de chaumières, de granges
« et de jardins touffus, de plaines vertes coupées de
« précipices, où les sources filtrent dans la glaise,
« détachant peu à peu certains îlots de verdure où
« s'ébattent des chèvres, qui broutent l'acanthe
« suspendue aux rochers ; des petites filles à l'œil
« fier, au pied montagnard, les surveillent en jouant
« entre elles. On rencontre même une vigne, la
« dernière du crû célèbre de Montmartre, qui luttait,
« du temps des Romains, avec Argenteuil et Suresnes.
« Chaque année cet humble coteau perd une rangée
« de ses ceps rabougris, qui tombent dans une
« carrière. Il y a dix ans, j'aurais pu l'acquérir au
« prix de trois mille francs... On en demande aujour-
« d'hui trente mille. C'est le plus beau point de vue
« des environs de Paris.

« Ce qui me séduisait dans ce petit espace
« abrité par les grands arbres du Château des
« Brouillards, c'était d'abord ce reste de vignoble
« lié au souvenir de saint Denis, qui, au point de

« vue des philosophes, était, peut-être, le second « Bacchus — Dionysos — et qui a eu trois corps, « dont l'un a été enterré à Montmartre, le second à « Ratisbonne et le troisième à Corinthe. C'était « ensuite le voisinage de l'abreuvoir qui, le soir, « s'anime du spectacle de chevaux et de chiens que « l'on y baigne, et d'une fontaine construite dans le « goût antique, où les laveuses causent et chantent « comme dans un des premiers chapitres de « Werther.

. . . .

« La plupart des terrains et des maisons éparses « de cette vallée appartiennent à de vieux proprié- « taires, qui ont calculé sur l'embarras des Parisiens « à se créer de nouvelles demeures et sur la tendance « qu'ont les maisons du quartier Montmartre, à « envahir, dans un temps donné, la plaine Saint- « Denis. C'est une écluse qui arrête le torrent; « quand elle s'ouvrira le terrain vaudra cher. — Je « regrette d'autant plus d'avoir hésité, il y a dix ans, « à donner trois mille francs du dernier vignoble de « Montmartre. Il ne faut plus y penser. Je ne serai « jamais propriétaire.

. . . .

CHATEAU DES BROUILLARDS (VENELLE)

« — A dire vrai pourtant, il n'y a pas de pro-
« priétaire aux Buttes Montmartre. On ne peut « asseoir légalement sur des terrains minés par des « cavités, peuplés dans leurs parois de mammouths « et de mastodontes. La commune concède un droit « de possession qui s'éteint au bout de cent ans... « on est campé comme les Turcs ; et les doctrines « les plus avancées auraient peine à contester un « droit si fugitif ou l'hérédité ne peut longuement « s'établir. »

Nous aimerions savoir ce que pensent de cette affirmation les propriétaires actuels de terrains sur la butte — d'autant que de Nerval ajoutait cette note :

Certains propriétaires nient ce détail, qui m'a été affirmé par d'autres. N'y aurait-il pas eu, là aussi, des usurpations pareilles à celles qui ont rendu les fiefs héréditaires sous Hugues Capet?

Outre Gérard de Nerval, le peintre impressionniste Renoir — ami de Sisley et de Monet — habita aussi, assez récemment, le Château des Brouillards. On se rappellera son fameux tableau du musée du Luxembourg : *Le Moulin de la Galette*.

CHATEAU DES BROUILLARDS

CHATEAU des Brouillards! j'aime ton [vocable
Prometteur de songe et d'envol brumeux!
Tu fus, nous dit-on, jadis, une étable:
Mais Jésus naquit dans l'étable aux bœufs!

Château des Brouillards, sur notre colline
Tu restes debout, dans ta vétusté,
Et le promeneur qui, par là, chemine,
Sent tomber sur lui ta sénérité.

Château des Brouillards, ultime refuge
De ceux que le flot pourchasse d'en bas,
Arche de Noé du présent déluge,
Le démolisseur ne te voit-il pas?

Château des Brouillards parmi la verdure
Fais-toi tout petit! cache ton bonheur!
Le hideux palais fait à la masure
Guerre sans merci!... pour toi j'ai grand peur!

Château des Brouillards?... Conte, ou belle fable?...
— Diront, quelque jour, nos petits neveux —
Mais rien de réel, de vrai, de durable!...
Forme vagabonde en le ciel fumeux!

Château des Brouillards, j'aime ton vocable
Prometteur de songe et d'envol brumeux!...

CHATEAU DES BROUILLARDS (VENELLE ET JARDIN)

Maintenant, en attendant que disparaisse le Château des Brouillards, descendons jusqu'à la place Constantin-Pecqueur pour prendre aussitôt la vieille rue Saint-Vincent.

PLACE CONSTANTIN-PECQUEUR

CIMETIÈRE SAINT-VINCENT

V

LA rue Saint-Vincent est une des plus pittoresques du village montmartrois. A peine avons nous commencé à la gravir, que nous atteignons la porte en demi-lune du cimetière Saint-Vincent. L'été, perdu sous ses grands arbres où s'ébattent des milliers d'oiseaux, ce champ de repos, aux tombes dissimulées sous le feuillage, ressemble à un petit parc frissonnant : ses morts doivent y dormir un sommeil délicieux. Et, comme priait Verlaine, saluons-les de ce souhait :

« *... que — des levers aux couchants*
« *L'or dilaté d'un ciel sans bornes*
« *Berce de parfums et de chants,*
« *Chers endormis, vos sommeils mornes !*

LE LAPIN AGILE

Voici maintenant le cabaret du *Lapin Agile*, à l'angle de la rue des Saules où officie Frédé, le Robinson de la Butte, le propriétaire du fameux Boronali, exposant des Indépendants*. Ex-cabaret des *Assassins*, tenu par Adèle, qui ouvrit ensuite un autre cabaret rue de Norvins, le *Lapin Agile*, avec les modelages quelque peu informes de sa terrasse et sa baroque décoration intérieure, vit défiler tous

*Boronali, anagramme d'Aliboron, l'âne de Frédé à qui l'on fit peindre à l'aide d'un pinceau attaché au bout de la queue un tableau — pour le moins futuriste — portant ce titre : *Le Soleil sur l'Adriatique.*

LE LAPIN AGILE

LE LAPIN AGILE

les plumitifs et rapins de la Butte. Il demeure un lieu de curiosité pour les provinciaux et les étrangers. Le Parisien, le dimanche, s'y aventure timidement, car l'ancienne dénomination de *Cabaret des Assassins* le hante, comme une menace. Pourtant rien de plus paisible, de plus sûr, que cette chaumière hospitalière à mi-côte déjà condamnée à disparaître.

A partir du cabaret, la rue

RUE SAINT-VINCENT

TERRAIN ENTRE LA RUE SAINT-VINCENT ET LA RUE LAMARCK

Saint-Vincent s'étrangle en un boyau étroit, tel un chemin de ronde. A droite, de hauts murs, comme des fortifications se dressent, noircis, verdis, percés de jours ou de meurtrières à demi obstrués. A gauche, des murs et des palissades sombres par-dessus lesquelles, arbustes et

TERRAINS ENTRE LA RUE SAINT-VINCENT ET LA RUE LAMARCK

TERRAIN ENTRE LA RUE SAINT-VINCENT ET LA RUE LAMARCK

frondaisons se penchent, comme pour un bonjour bienveillant.

Tout ce côté était bordé de jardins maintenant détruits : de véritables taillis, de grands arbres, couvraient l'espace entre la rue Saint-Vincent et la rue Lamarck. Le bû-

RUE SAINT-VINCENT

cheron a passé, le terrassier l'a suivi et le maçon accourt. Les masures rustiques s'effondrent; le puits, à la vieille margelle, la mare, aux eaux mortes, sont comblés; les grottes rocheuses, aux trous d'ombre, et le chalet, coiffé de chaume, sont détruits. Sur ces ruines, l'architecte va édifier le chef-d'œuvre qu'il signera glorieusement de son nom gravé dans la pierre : les vandales pourtant devraient garder l'anonymat. Récemment, ce joli parc était occupé par un pensionnat de jeunes filles dont les rires et les jeux mettaient en émoi la gent ailée de l'endroit. L'institution n'est plus; les oiseaux se sont envolés.

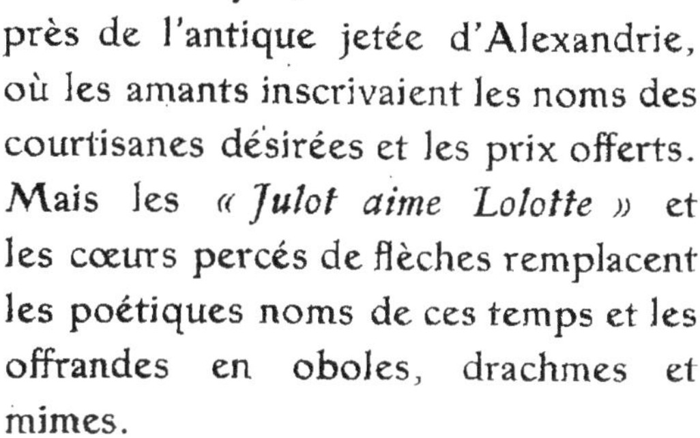

Quand, par les soirs d'été, on chemine à travers la rue Saint-Vincent, entre chien et loup, on ne peut manquer de troubler quelque amoureux tête-à-tête. D'ailleurs, les murailles sont illustrées d'emblêmes et d'inscriptions qui rappellent *le mur céramique*, près de l'antique jetée d'Alexandrie, où les amants inscrivaient les noms des courtisanes désirées et les prix offerts. Mais les *« Julot aime Lolotte »* et les cœurs percés de flèches remplacent les poétiques noms de ces temps et les offrandes en oboles, drachmes et mimes.

La rue Saint-Vincent, qui chemine à flanc de côteau, coupe la rue du Mont-Cenis là où s'élève la maison de Berlioz, sur laquelle fut apposée une plaque commémorative. Elle se prolonge jusqu'à la rue de la Bonne et était bordée, il y a deux ans à peine, par le châlet

RUE SAINT-VINCENT

LE TOIT DE CHAUME

au toit de chaume de la Belle Gabrielle, que l'on jeta bas pour édifier à sa place un cercle catholique.

La religion a reconquis ainsi, sur la grande amoureuse — dont

RUE SAINT-VINCENT

le souvenir, en ces lieux, s'est perpétué par ce chalet, — la terre sacrée où rendirent l'âme les saints martyrs de la Butte : Rustique, Eleuthère et Denis.

Et la religion se venge impitoyablement, car la bâtisse qu'elle assît à la place de ce chaume poétique est aussi inélégante et

RUE SAINT-VINCENT

LA MAISON DE BERLIOZ

RUE DU MONT-CENIS

banale que possible : ce sont nos yeux blessés qui font pénitence.

Revenons sur nos pas : nous ferons halte à la maison de Berlioz, le grand musicien qui aima profondément Montmartre.

La contemplation d'un semblable logis, si modeste et si fruste est féconde en pensées. On ne peut se défendre d'une admiration émue quand on se représente l'ampleur de ce génie en parallèle avec la simplicité du cadre où il enfermait sa vie. Le papillon diapré s'élabore en la nuit de la chrysalide, mais lorsqu'il déploie ses ailes neuves et rutilantes, c'est le prodige qui s'offre irrécusable, c'est la beauté vierge qui resplendit.

RUE DU MONT-CENIS

Grimpons maintenant le raidillon abrupt de la rue du Mont-Cenis, coupé par deux bornes et une barre de fer. Accroupie, comme une petite vieille, ratatinée, écrasée sous le poids d'une longue vie, ridée, patinée, résignée, cette misérable chaumière à toit de tuiles, aux lucarnes étroites et fléchissantes,

RUE DU MONT-CENIS

est la maison dite la *Maison de Jenny*. Elle apparaît plus pauvre que la plus pauvre chaumière du plus pauvre hameau de la plus pauvre province. Derrière sa façade vieillotte, son porche sombre, c'est le charme de ses jardinets. Quelle simplicité de vie se révèle en ce décor rustique et fruste ! Quelques

RUE DU MONT-CENIS

plâtres, bustes ou statuettes attestent là encore la présence d'artistes : c'est un nouveau coin du jardin montmartrois où les ruches laborieuses des imagiers de tous genres aiment à se réfugier.

RUE DU MONT-CENIS

Pour atteindre la maison de Jenny, après avoir quitté la rue Saint-Vincent, nous avons longé un mur que les

RUE DU MONT-CENIS

ouvriers se hâtaient de démolir. Ce mur ferme, sur la rue du Mont-Cenis, la propriété du 2 de la rue Cortot que nous allons trouver sur notre droite.

VI

Il y quelques mois à peine malgré le misérable atelier de bois qu'on avait bâti au fond de ses jardins, cette propriété déjà dévastée était encore jolie, dans

RUE CORTOT

sa grâce surannée. Ce fut une délicieuse retraite qui connut aussi, selon la légende plus que discutable, les fugues et les rêveries de la belle Gabrielle. Montmartre, d'ailleurs, se plaît à la faire vivre en chacun de ses sites poétiques.

Ce sont là des jardins en terrasses, des petits bosquets étagés avec sentiers, arches, grottes, escaliers et rocailles. Lors de la dernière visite que j'y fis, un buste en pierre de Virgile y

2, RUE CORTOT

gisait, piteusement coiffé d'une boîte de conserves ! Pauvre Virgile ! il représentait hélas ! avec une triste éloquence l'irrespect, le prosaïsme utilitaire des vandales qui dévastent, sans remords, et tuent le pittoresque. Quand paraîtra ce livre, pas une pelouse, pas un bouquet d'arbres, pas un vieux mur de ce lieu charmeur ne restera. Tout sera rasé. Place à la pierre de taille, à la brique, au ciment. On nivellera les accidents du terrain, on coulera du béton dans des puits profonds et sur ces pilotis nouveaux on bâtira à la moderne.

2, RUE CORTOT

2, RUE CORTOT

2, RUE CORTOT

Nous voici de nouveau dans la vieille rue Cortot qui, malgré son peu de longueur nous offre des aspects très variés. Raboteuse, avec ses énormes pavés mal d'aplomb, elle s'ouvre du côté de la rue du Mont-Cenis en chenal étroit où le soleil ne pénètre qu'avec peine. Puis elle s'évase brusquement en face du 12, formant une sorte de placette. De là, elle dévale

2, RUE CORTOT

vers la rue des Saules par une pente très accentuée, et l'eau de la voirie qui s'écoule, en escaladant les gros pavés, bouillonne, glougloute et chante comme un petit torrent cascadeur.

LA RUE CORTOT

Au 12 de la rue Cortot, voici la maison de La Roze de Rosimond, comédien de la troupe de

12, RUE CORTOT

Molière — dont il joua la plupart des rôles — et qui écrivit lui-même quelques pièces médiocres.

12, RUE CORTOT

Devant et derrière cette maison du style le plus harmonieux, ce ne sont que jardinets touffus dont, le fouillis vigoureux, au printemps, obstrue l'étroit passage.

BUTTA-PARC

BUTTA-PARC

Touchant la maison de La Roze de Rosimond, voici maintenant le parc dit de la Belle Gabrielle,

que la lourde imagination d'un barnum dénomma : « Butta-Parc ». Bruta-Parc, eut certainement été d'une plus stricte éloquence — par allusion au refuge qu'il offrit, il y a quelques années, aux ouvriers grévistes du bâtiment. L'orchestre des vociférations populacières, magistralement conduit par les grands chefs des mouvements prolétariens, y fit taire les échos du vieux temps.

Et dans ce parc désert, où le rêveur solitaire s'imaginait, parfois, entendre bruire des traînes soyeuses, au ras du sol, voir, à travers les massifs, se glisser des ombres féminines aux pas effarouchés, apparurent soudain des tentes bariolées, des balançoires et des montagnes russes. Un bal sans grâce,

un orchestre pleurard y triomphèrent ; une cantine de terrain vague y sema ses relents.

Ce fut la profanation cynique ; mais la justice immanente veillait sans doute : tout cela n'est plus ! Le calme et la solitude, respectueux du passé, ont reconquis cet aimable royaume et les jolis fantômes de jadis y peuvent, de nouveau, errer en paix — jusqu'à la venue fatale du démolisseur, qui ne manque jamais son entrée.

Déambulant entre le parc de la Belle Gabrielle et les contreforts qui forment le côté gauche de la rue Cortot, nous coupons encore une fois la rue des Saules pour descendre la rue de l'Abreuvoir. A cette intersection nous apercevrons l'ancienne entrée du jardin de Butta-Parc.

RUE CORTOT

Il n'est pas, je crois, de dessinateur ou de peintre, à Montmartre, qui n'ait pris des croquis de la rue de l'Abreuvoir, avec, tout en haut, la lointaine silhouette du Sacré-Cœur, dont le dôme et la tour carrée dominant ce tumulte de toits, pans de murs, cheminées, dévalent jusqu'à l'emplacement de

RUE DE L'ABREUVOIR

l'ancien abreuvoir, auquel la rue doit son nom. Les quelques dessins que nous en donnons ici témoigneront, en effet, de l'intérêt qu'elle présente. Un des

COURS ET JARDINS, RUE DE L'ABREUVOIR

LA RUE DE L'ABREUVOIR

aspects les plus heureux est celui que l'on découvre de la venelle des jardins du château des Brouillards, en bordure de la rue Girardon.

Nous avons omis, en montant la rue Lepic, de nous arrêter au n° 92 où nous apercevons un petit hôtel empire précédé d'une cour. En retrait sur la rue, enveloppé de calme et de silence, il semble se

LA RUE DE L'ABREUVOIR (VUE DU CHATEAU DES BROUILLARDS)

RUE BURQ

tenir à l'écart du mouvement de la grande ville et dormir, bercé par quelque rêve ancien dont il ne veut se distraire.

Le jardin, qui donne sur Paris, est en terrasses et surplombe la rue Burq qui finit en impasse an-dessous de lui. De ce point élevé, Paris se devine, mais les obstacles des toits limitent la vue. Tout au plus découvre-t-on la nappe lourde des brumes qui forme l'atmosphère fuligineuse de Paris.

Après cette contemplation rapide, nous gagnerons la rue de Norvins par la rue Girardon après un arrêt à la terrasse en jardins qui domine ces deux rues.

JARDINS (HOTEL BURQ)

VII

LA rue de Norvins — ancienne rue Traînée — est une des artères montmartroises qui n'avait pas trop souffert de la modernisation lamentable. Hélas !

sept étages de moellons — de briques sur champ plutôt — la commandent désormais avec l'arrogance du parvenu, surpris lui-même d'avoir pu atteindre si haut.

Réfugions-nous donc vivement au 13 de la même rue après avoir croisé la charrette à bras d'un déménagement bien montmartrois.

Les jardins des 11 et 13, rue de Norvins, fan-

RUE DE NORVINS

taisistes et accidentés sont d'une originalité bien en accord avec le caractère général de la Butte.

De leurs terrasses, que les tamariniers bruisseurs or-

nent l'été de leur rouge et somptueux éploiement, Paris nous apparaît comme un océan, dans la brume laiteuse des matins, ou les gris-violâtres des soirs. Quel délicieux observatoire pour regarder courir les nuées et les rayons solaires se jouer à travers leurs flocons nements !

Presque en face du 13 de la rue de Norvins, une grille ferme une avenue qui conduit à une cité

13 RUE DE NORVINS

14 RUE DE NORVINS

RUE DE NORVINS

de petites maisons anciennes. Chacune possède son jardinet que les plantes grimpantes enclosent aux beaux jours.

Et voici la maison dite du docteur Blanche l'aliéniste célèbre dont la mémoire demeure chère aux montmartrois, parce que, chez le docteur Blanche l'homme de cœur, délicat et bon, doublait le savant.

Gérard de Nerval, qui fut au nombre de ses pensionnaires marquants, dut trouver en la paix des

MAISON DU DOCTEUR BLANCHE

jardins de cet asile, le rassérénement de son cerveau visionnaire. La maison du docteur Blanche est maintenant une institution de jeunes filles. Ses jardins sont au nombre des plus intéressants et des plus vastes.

Un autre docteur de marque — qu'on en juge — le docteur Guillotin aurait également, selon la légende, habité la maison du docteur Blanche.

VIII

AU carrefour où nous sommes parvenus, de tous côtés, des trouées s'offrent, à l'œil intéressé. A droite, Paris se perd dans un voile de grisailles; en face, par le chenal de la rue Saint-Rustique, un peu de la blancheur de la basilique apparaît au fond; à gauche, la descente rapide de la rue des Saules et,

RUE SAINT-RUSTIQUE

dans sa découpure, la banlieue de Saint-Ouen. Au crépuscule, ces divers tableaux forment de surprenants contrastes. D'une part la vie intense, frénétique, l'orgie de lumières, d'autre part les profondeurs mystérieuses d'une banlieue qui se recule, à l'infini — et, tout près, le train-train monotone, silencieux, d'un hameau qui s'apprête à dîner, bourgeoisement.

A droite de la rue Saint-Rustique, formant pan coupé, le cabaret « Au Consulat d'Auvergne ».

AU FRANC-BUVEUR

Son titre est sa seule originalité. Sans doute les « pays » de Saint-Flour et de Clermont-Ferrand s'y donnent rendez-vous. Peut-être, encore, est-ce le siège de la Fédération des « bougnats » de la Butte ?

En pendant, de l'autre côté, un second cabaret « *Au Franc-Buveur* » domine, de ses jardins et tonnelles en terrasse, la rue des Saules. L'été, sous la maigre verdure de ses arbustes anémiés, rapins et chansonniers de la Butte y viennent faire l'école buissonnière et boire frais. On y joue aux quilles, au billard plat... on y rit comme des gamins lâchés !... et les années passent, sans qu'on en sente l'effleurement.

La rue Saint-Rustique est en quelque sorte la coulisse de la rue de Norvins.

Pittoresque, certes — on ne saurait le nier — mais sale en raison directe du carré du pittoresque, comme s'exprimerait un *cube* de Pipo.

Belles dames qui vous aventurez par là, sortez vos flacons de sels ou vos délicats mouchoirs parfumés, car votre odorat va subir la rude épreuve !

Il est vrai que le service de voirie, dans Montmartre, est d'un négligé dont rien n'approche et cantonniers et balayeurs doivent être d'influents agents électoraux pour bénéficier si ouvertement de tels ménagements.

Il vient des étrangers sur la Butte : que peuvent-ils penser de ces ruelles où l'ordure sévit? Là, comme à Passy et aux Champs-Elysées, le ménage de la rue doit être fait.

L'ÉGLISE SAINT-PIERRE DE MONTMARTRE

IX

En sortant de la rue Saint-Rustique, nous découvrons la façade de la vieille église Saint-Pierre de Montmartre, dont la silhouette patinée est d'une si belle harmonie de lignes — avec son clocher carré reconstitué — qu'elle gagne en charme au voisinage de la formidable pièce-montée, aux blancheurs fades, qu'est le Sacré-Cœur.

On trouvera dans l'ouvrage très documenté de F. de Guilhermy *« Montmartre »*, l'histoire des avatars de cette église dont la date de fondation demeure inconnue, bien que l'on admette, en ce lieu, l'existence au Ve siècle d'une des premières églises

LE CHEMIN DE CROIX

paroissiales des Parisiens. Mais elle fut détruite et reconstruite à diverses reprises, au cours des tourmentes de l'histoire. Et notez que, sur l'emplacement de cette église, s'élevait, aux temps lointains, un temple de Mars auquel appartenaient, paraît-il, les quatre colonnes de marbre, fort maltraitées, qui y figurent encore. Les six chapiteaux en marbre blanc de cette église, chapiteaux du type corinthien, sont un rappel de ceux qui ornaient les temples païens des Grecs et des Romains. De tous temps la colline montmartroise fut donc couronnée par des temples, et le mont de Mars, de Mercure ou des Martyrs fut constamment disputé par les religions. Les ouvrages relatifs à la chapelle et à l'abbaye sont nombreux et nous ne pouvons qu'y renvoyer ceux que leur histoire détaillée intéresse. Nous nous contenterons d'observer que si la Butte porta toujours, en chef, temples, églises, chapelles, abbaye, la liberté des mœurs n'en demeura pas moins très grande. Les frasques amoureuses des nonnes, dames et abbesses de Montmartre, au temps licencieux du Vert-Galant, ont suffisamment alimenté la chronique scandaleuse de l'époque, pour que nous conservions quelque scepticisme à l'égard de l'influence moralisatrice de ces monuments de la foi. Ces dames de l'abbaye ne le cédaient en rien à la belle Gabrielle quant à la fervente dévotion qu'elles témoignaient à leur Roy. Que la terre leur soit légère : il leur sera beaucoup pardonné... elles ont tant aimé !

La fameuse tour du télégraphe Chappe — qui cinquante ans au moins domina la Butte — avait pour piédestal l'arrière-chœur de l'église. Depuis que le clocher, reconstitué habilement, a remplacé cette tour, la petite église Saint-Pierre défend ici victorieusement le passé.

Rappelons que c'est à Montmartre que fut fondée la Compagnie de Jésus (1534) par Ignace de Loyola.

Quarante-trois abbesses se succédèrent à l'abbaye dont la dernière, la duchesse de Montmorency fut guillotinée en 1793.

Attenant à l'église Saint-Pierre se trouve le cimetière du « Calvaire » ancien cimetière paroissial où nous trouverons parmi les stèles de vieilles familles montmartroises, celle de Louis Antoine comte de Bougainville, l'amiral célèbre. Je me souviens, à ce sujet, d'un délicat article de Georges Delaw, l'exquis poète-imagier — bien montmartrois lui aussi — qui termine ainsi sa « Promenade sur la Butte » :

« Et j'ai trouvé très nostalgique que M. de « Bougainville, qui s'y connaissait, soit venu amarrer

« la barque de sa vieillesse sur cette plaine mont-
« martroise, pour fermer ses yeux de vieux marin
« devant la grand'houle de Paris. »

Un chemin de croix entoure l'église et conduit au Calvaire dont on verra un dessin ci-contre. Bien avant que le Sacré-Cœur soit devenu lieu de pèlerinage, un culte spécial était rendu là, à saint Rabboni. Nous empruntons ce récit à F. de Guilhemy :

« *Saint Rabboni.* — Il se faisait à Montmartre
« deux pèlerinages réguliers. Les femmes qui avaient
« à se plaindre de leur mari allaient invoquer, dans
« l'église haute, saint Rabboni dont la puissance était
« efficace pour rabbonnir les caractères les plus intrai-
« tables... Les maris de leur côté, se rendaient au
« saint martyr, pour demander la conversion des
« femmes qui les martyrisaient. »

Et de Guilhermy explique, dans la note qui va suivre, l'origine de cette superstition :

« L'origine du culte de saint Rabboni était vraiment bizarre. Il
« y avait anciennement dans l'église haute de Montmartre, un groupe
« de sculpture représentant la Madeleine, au moment où, prosternée
« au pied du Seigneur ressuscité, elle s'écria : *Rabboni,* c'est-à-dire
« Mon Maître ! (Ev. sec. Joh. cap. xx, v. 16). Les bonnes femmes de
« Montmartre qui ne savaient ni l'hébreu, ni même le latin, et connais-
« sant du christianisme toute autre chose que l'Évangile, ne virent là
« qu'une femme désolée demandant au saint protecteur du beau sexe,
« le rabbonnissement d'un époux farouche ou infidèle. »

...Voilà comment naissent les pélerinages de Sainte-Radegonde, de Lourdes, de Saint-Greluchon, etc., etc.

Saint Rabboni, rien qu'à Montmartre, tu dois avoir forte tâche !..

X

DE l'église Saint-Pierre on accède à la place du Tertre en passant entre deux restaurants modestes mais fort connus des indigènes : Bouscarrat à droite, Spielman à gauche. La place du Tertre, là où

RUE DU MONT-CENIS

s'éleva la première mairie de Montmartre, — au numéro trois — est bien la place villageoise où les gamins se livrent à leurs jeux en toute indépendance. Le dimanche, des tables et bancs de bois reçoivent les promeneurs qui viennent s'y délasser en prenant l'apéritif. Indigènes en tenue négligée, et promeneurs de Paris endimanchés, s'y rencontrent comme à la sortie des vêpres au village. On a peine à croire que, par le métro tout proche, on est à dix minutes de la gare Saint-Lazare, à quinze minutes des grands boulevards.

PLACE DU TERTRE

Si nous traversons la place du Tertre diagonalement, nous aboutissons à l'atelier du dessinateur et lithographe Maurice Neumont. Cet atelier moderne est un bel observatoire et, de sa terrasse supérieure, la vue sur Paris est merveilleuse. Il est flanqué, à gauche, d'un escalier plongeant

PLACE DU TERTRE

entre les maisons qui s'étagent au flanc de la Butte.

Face à l'atelier de Neumont, voici le restaurant du Coucou. Un snobisme étrange y amène les dîneurs du centre de la capitale qui, entre trois murs sombres, mangent par petites tables, éclairés par des lampes Pigeon. A la nuit cela ne manque pas de bizarrerie, et le passant

ATELIER DE M. NEUMONT

LE COUCOU

s'amuse au tableau de ces gens « chics » qui s'efforcent de voir en leur assiette, avec une louable persévérance pas toujours récompensée.

Perpendiculaire à la muraille de l'atelier de Neumont, une grille donne sur un passage qui conduit à un assez vaste terre-plein gazonné où l'on ne serait pas trop surpris de rencontrer des moutons ou des chèvres en train de paître.

De ce terrain on

ESCALIER DU CALVAIRE

descend à l'impasse *Traînée* par un passage que ferme une lourde porte vermoulue. L'impasse Traînée, c'est le cul-de-sac miséreux et gris où tout est de guingois : murailles, toits, lucarnes, palissades rapiécées, tout cela chahute baroquement. Des loques aux fenêtres, sur des ficelles, des gosses barbouillés, sur les marches branlantes des seuils, des carreaux cassés, telle est cette cité ! L'impasse monte vers la rue de Norvins, raboteuse avec ses énormes pavés mal équarris.

L'IMPASSE TRAINÉE

Presque en face de l'impasse, dans la rue de Norvins, au 14 *bis*, voici le cabaret d'Adèle « Au Vieux Châlet ».

Le Vieux Châlet tient de la cantine de chantier et de la roulotte. Adèle qui y connut le plus grand nombre des célébrités montmartroises, comme un chef de maison prospère, a passé la main, et s'est retirée à la

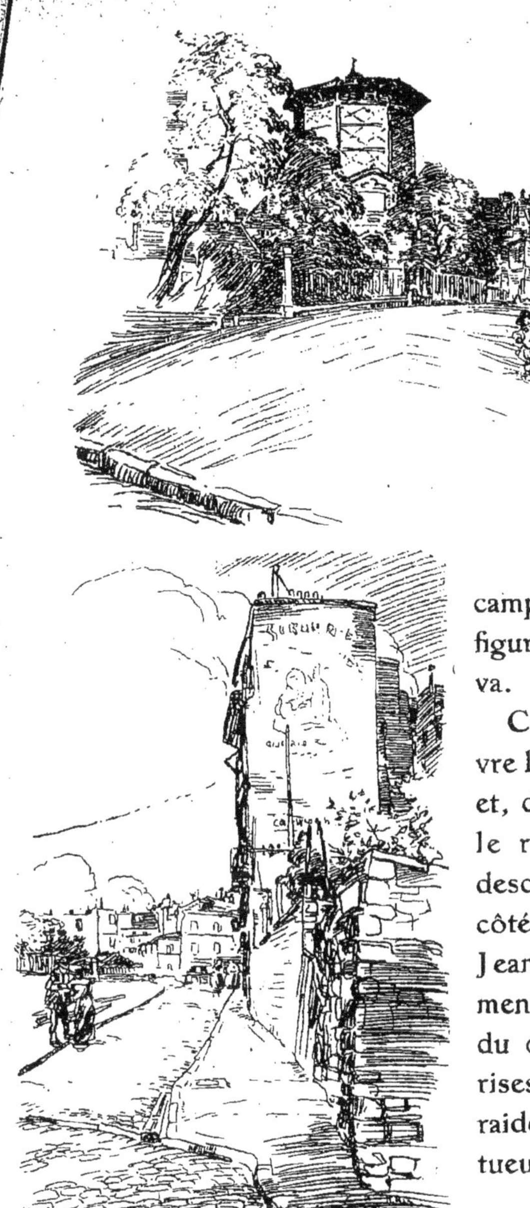

PLACE JEAN-BAPTISTE-CLÉMENT

campagne. C'est une figure connue qui s'en va.

Continuons à suivre la rue de Norvins et, délaissant à droite le réservoir, nous descendrons par le côté gauche de la place Jean-Baptiste-Clément, l'auteur fameux du « Temps des Cerises ». Par la pente raide et la rue tortueuse nous abouti-

RUE RAVIGNAN

rons au bout de la rue d'Orchampt, à la place récemment baptisée place Émile-Goudeau. Cet hommage rendu à Émile Goudeau lui était bien dû, car il personnifia délicatement, spirituellement, originalement l'esprit de la Butte. Il fut de toutes les manifestations artistiques qui y prirent naissance, exemple : la Vachalcade. Les fêtes de la Vache Enragée réunirent tout l'état-major des humoristes de là-haut

PLACE ÉMILE-GOUDEAU

à l'exception de Rodolphe Salis, ce barnum surfait qui, furieux de ne pas être l'auteur de l'idée, bouda comiquement et s'en tînt à l'écart.

Place Émile-Goudeau est le vieil hôtel du Poirier, jadis si accueillant aux rapins peu fortunés et dont Warnod, dans son livre récent « Le Vieux Montmartre » parle avec un louable et sincère attendrissement.

En obliquant par la rue des Trois-Frères, nous rencontrons à notre droite un escalier descendant cahin-caha, entre des bâtisses lépreuses qui ne semblent guère se soucier des ravalements réglementaires — à moins que leur patine indélébile ne résiste à toutes les toilettes.

En bas, on dirait une sorte de petite ferme, avec étable ou vacherie ; la forte senteur ammoniacale du fumier complète cette impression. Puis le passage s'élargit : à gauche, de petits ateliers d'artistes ; plus loin, un hôtel meublé fort peu moderne ; puis une voûte sombre sous laquelle on aperçoit, au-delà de la rue des

Abbesses, le départ de l'escalier qui descend vers le passage de l'Élysée-des-Beaux-Arts.

Le passage de l'Élysée-des-Beaux-

PASSAGE DES ABBESSES

Arts, obscur et tortueux, encercle l'église moderne de Saint-Jean de Montmartre, dont la laideur déconcertante est proverbiale.

RUE CHAPPE

Ce passage n'a rien de particulièrement remarquable mais il mérite de retenir l'attention parce que des écrivains célèbres y habitèrent, au nombre desquels François Coppée, Catulle Mendès, Clovis Hugues et... le chansonnier Yon-Lug.

Par la rue Houdon et la place des

PASSAGE DES BAINS

Abbesses gagnons la rue Antoinette. A l'angle de la rue Chappe, une trouée nous découvre le faîte de la Butte et le Sacré-Cœur.

Par un crochet, nous descendrons à la place Dancourt. Là, le vieux théâtre montmartrois, cher aux titis, semble accroupi, tant il est écrasé par les énormes immeubles qui lui font face.

La place avec ses arbres anémiés est, elle aussi, fort peu parisienne, bien que cent et quelques mètres à peine la séparent du boulevard Rochechouart. Proche de la place Dancourt nous trouverons le passage des Bains et l'allée de Villiers.

ALLÉE DE VILLIERS

Poursuivant nos pérégrinations par la rue d'Orsel nous ferons notre visite au siège de la société « Le Vieux Montmartre ». Sa bibliothèque et son musée mettent à la disposition des curieux de l'histoire de la Butte d'amusants souvenirs et de précieux documents.

ENTRÉE DU « VIEUX MONTMARTRE »

Le « Vieux Montmartre » est d'ailleurs

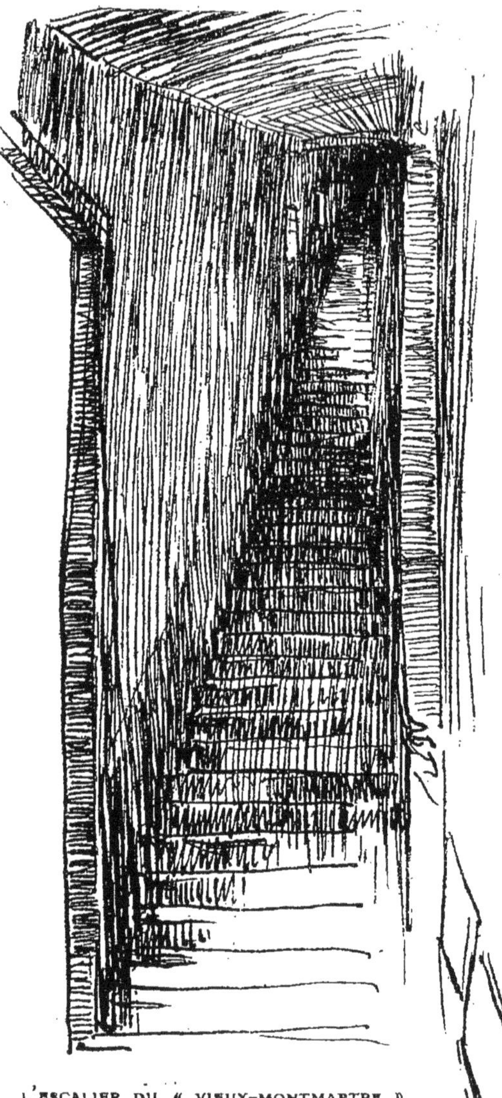

L'ESCALIER DU « VIEUX-MONTMARTRE »

la maison du « Bon-Accueil » et le seul fait de s'intéresser à Montmartre, constitue là, un infaillible « Sésame-ouvre-toi». Il est regrettable d'ailleurs, qu'une étrange apathie — très française, hélas! — retienne hors de ce groupement cent et mille individus qui seraient enchantés de s'y rencontrer et de collaborer à son œuvre vaillante et méritoire. Que tous ceux que Montmartre intéresse s'y inscrivent : la Société comptera bientôt des milliers d'adhérents et forte du nombre de ses sociétaires elle pourra agir plus efficacement et avec plus de confiance en elle-même.

MONTMARTRE
(VU DU BOUYEVARD ROCHECHOUART)

Je ne crains pas de battre le rappel pour le Vieux Montmartre : il le mérite, et le crier bien haut c'est faire acte de reconnaissance.

Parvenus à la rue de Steinkerque qui, à droite, débouche sur le boulevard Rochechouart, nous donnerons un salut à l'auteur de *« Louise »* l'éminent compositeur Gustave Charpentier. Sa récente entrée à l'Académie n'ajoute rien à sa valeur, ni à sa gloire, mais elle est une juste consécration d'une carrière vouée à l'art : saluons donc ce montmartrois académicien.

SQUARE SAINT-PIERRE

Remontant la rue de Steinkerque nous visiterons le square Saint-Pierre. Au-dessus de nous c'est encore la masse blanche du Sacré-Cœur qui se profile dans le ciel.

Le « Manneken-piss » de la fontaine n'est pas ce qui donnera une haute opinion de l'inspiration et de la maîtrise de nos sculpteurs. Nous avons heureusement mieux à leur offrir !

Nous allons maintenant profiter du funiculaire pour faire l'ascension. Parvenus à la rue Sainte-Eleuthère — qui forme la terrasse enceignant la basilique — nous grimperons par quelques marches à la rue Azaïs.

L'ESCALIER DE LA RUE FOYATIER

Sur ce terre-plein le vent souffle avec force : au-dessus des têtes les nuages fuient à grande allure

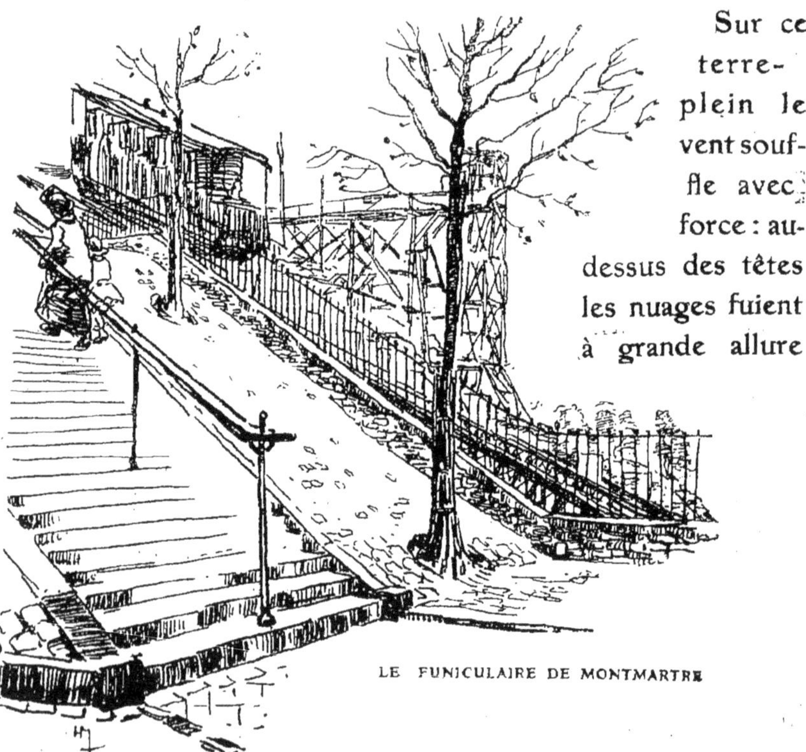

LE FUNICULAIRE DE MONTMARTRE

et à nos pieds c'est la dégringolade fantastique : escaliers, arbres, squares et maisons se superposent. Les antennes du « Repos de Bethanie » évoquent l'image de vergues et de mâts, de bateaux à l'ancre au ras d'un quai. Derrière, c'est l'Océan — c'est Paris.

Redescendu, continuant la rue Saint-Eleuthère vers la vieille église Saint-Pierre, nous découvrirons dans l'angle, à gauche, deux petites masures basses aux murs noirâtres qui semblent, chaque jour, rentrer un peu plus dans le sol.

Le toit se creuse, comme le dos d'un animal souple : les petites fenêtres de guingois mesurent l'air et la lumière ; les cheminées basses

RUE SAINT-ÉLEUTHÈRE

et trapues aux angles arrondis sèment dans l'air, de minuscules fumées bleuâtres comme des fumées de cigares. C'est le domaine du sage sans doute — mais gare au démolisseur ! J'entends, tout à côté, la pioche qui besogne activement : c'est le grignottement de la souris — avec du temps, un jour, tout est rongé.

Passant devant Saint-Pierre, par la rue du Mont-Cenis, nous parvenons à la rue du Chevalier-de-la-Barre. C'est la rue des bazars religieux. On y trouve les saintes reliques miraculeuses, depuis le bois

de la vraie croix, jusqu'à la médaille bénite à Lourdes. Toutes les amorces à la crédulité humaine, toutes les embûches tendues à la superstition attendent le passant. Inconsciences, douleurs physiques, désarroi moral, sont la proie des guetteurs — pilleurs des épaves que la vie impitoyable rejette jusque là.

Encore quelques pas et, près de la palissade au-delà de laquelle la basilique dresse la masse énorme de ses pierres ouvragées, les mendiants patentés vont vous tendre la main en déversant leurs litanies lamentables.

XI

D'ICI, l'église blanche apparaît géante, avec son dôme central et sa massive tour carrée qui restitue à l'ensemble un caractère de réelle grandeur.

Toutefois, malgré ses colossales proportions, amplifiées encore par l'unique piédestal que lui prête la haute

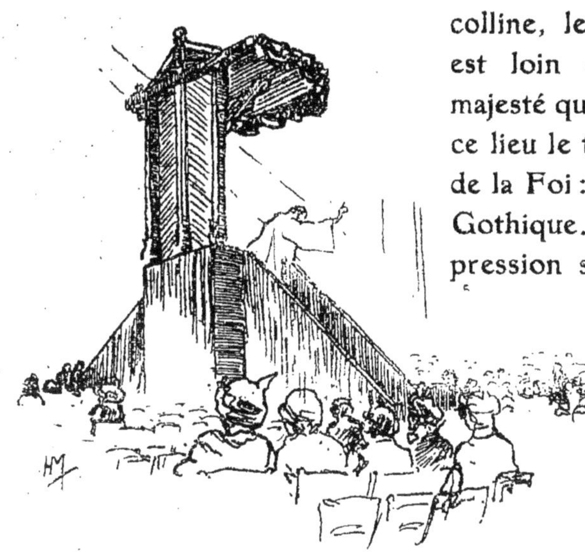

colline, le Sacré-Cœur est loin d'atteindre la majesté que prendrait en ce lieu le temple unique de la Foi : la Cathédrale Gothique. Cette impression s'accentue encore, après une visite à l'intérieur. Le dôme, remarquable cependant par le volume qu'il donne en hauteur, semble restreindre le volume en profondeur. Jusqu'au maître-autel qui, coupant l'église aux deux-tiers, en étrique encore les proportions.

La visite de la crypte est intéressante, c'est une vaste et curieuse église souterraine.

Dans ses galeries profondes, aux massifs piliers, l'ombre et la lumière se distribuent étrangement.

SACRÉ-CŒUR — LA CRYPTE

Tout au fond, sept chapelles se ramifient à la chapelle centrale, par des galeries en éventail.

Remontons à la lumière et pour nous délivrer de l'obsession des ténèbres souterraines tentons courageusement l'ascension qui nous conduira à la « Savoyarde » dont la voix grave est aimée des montmartrois, lorsqu'elle chevauche le vent et sème ses *Angelus*. Le bronze qui chante sur les sommets a le prestige de la lyre du rapsode.

Chant de cloche, chant de bourdon,
Le vent te porte sur ses ailes !
...Chante cloche, chante bourdon!
Le rêveur rêve à ta chanson !

Pleure cloche, pleure bourdon !
A travers la pluie qui ruisselle
Pleure cloche! pleure bourdon !
Ta plainte sème le frisson !

Endormez-vous, cloche et bourdon!
Le jour meurt... la lampe s'éveille
Endormez-vous cloche et bourdon
Le silence emplit la maison!

Par un sentier étroit, entre deux palissades, nous regagnons maintenant la terrasse de la rue Saint-Eleuthère, où nous déboucherons tout près de la statue du chevalier de la Barre.

Sans vouloir polémiquer nous observerons cependant que cette statue, plantée juste au pied de la façade principale de la basilique, prend le caractère d'une brimade mesquine. Elle stigmatise un sectarisme dont les coupables excès ne se peuvent défendre, — mais opposer tyrannie à tyrannie n'est pas œuvre de libéralisme.

XII

NOUS allons maintenant terminer notre promenade par la visite des abords de la basilique du côté de la rue Lamarck. Nous côtoyons de suite les chantiers accolés à l'église, de ce côté. Gazons accidentés, roches, palissades, échaffaudages, baraquements, pans de murs, sable, pierres et graviers, matériaux de toutes sortes s'entassent et s'enchevêtrent bizarrement, Lorsque nous rencontrerons de nouveau la rue du Chevalier-de-la-Barre, nous gagnerons la rue de la Bonne — du nom de l'ancienne

LE RÉSERVOIR

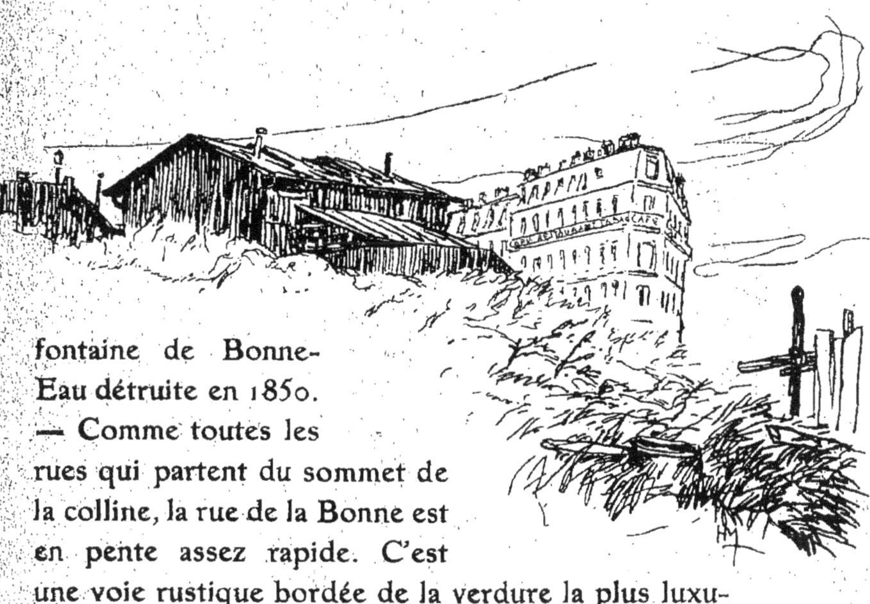

fontaine de Bonne-Eau détruite en 1850. — Comme toutes les rues qui partent du sommet de la colline, la rue de la Bonne est en pente assez rapide. C'est une voie rustique bordée de la verdure la plus luxu-

RUE LAMARCK

RUE LAMARCK

riante au printemps. Elle longe, du côté gauche, une prairie vaste qui va jusqu'à la rue Saint-Vincent, prairie entièrement close de murs. Au-delà, c'est un véritable parc en voie de destruction. Les vieux arbres, un à un, oscillent sur leurs troncs vénérables et s'abattent sous la hache meurtrière : les païennes hamadryades, qui vivaient là leur rêve silencieux, sont immolées au repos des prêtres dont les demeures confortables vont s'ériger sur ces terrains. Les dieux du passé sont bien morts : ils revivront seulement au cœur des poètes.

RUE DE LA BONNE

Au bas de la rue de la Bonne, dans un étrange enclos, des bicoques achèvent une existence qui ne peut guère durer, sous la protection de nombreux arbustes aux troncs torturés.

Du coin de la rue Lamarck — proche des escaliers de la rue Becquerel — la basilique et sa tour carrée appa-

raissent au-dessus des arbres, des petites maisons et des murailles en pente.

Dans nos allées et venues nous avons coupé à

ESCALIER RUE LAMARCK, 20-22

diverses reprises la rue des Saules et en avons ainsi découvert tous les points intéressants, sans jamais la parcourir. Nous avons parlé de la propriété toute en taillis et grands arbres, en voie de destruction, comprise entre la rue Saint-Vincent, la rue des Saules et la rue Lamarck. Au croisement de la rue Lamarck et de la rue Caulaincourt le tableau de la rue des Saules, qui monte en rampe très accentuée, demeure encore fort intéressant, malgré que le terrain à gauche soit maintenant un chantier.

De là nous reviendrons sur nos pas par la rue Lamarck, jeter un coup d'œil à l'escalier à flanc de coteau entre le 20 et le 22.

En contournant le panorama de Rome, un autre

escalier conduisant dans la direction de la rue Ramey dévale aussi de la butte ; il est encore éclairé le soir

par de modestes quinquets d'un autre temps.

La rue Paul-Albert nous amènera maintenant jusqu'au square Saint-Pierre que nous parcourrons lentement : le sentier grimpe en serpentant à travers les jolies pelouses bien entretenues. Pentes raides, escaliers rustiques, cascades, rochers, arbustes fantaisistes et capricieux, flore merveilleusement sélectionnée, tout concourt à donner à ce parc charmant une poétique originalité. C'est la falaise verdoyante, tout au bord de l'océan grondeur ; c'est le parfum forestier qui se substitue à la forte senteur du large ; c'est l'air balsamique et vivifiant qui tonifie les bronches après l'atmosphère humide des embruns. On monte tout doucement ; on franchit les ponts rustiques, les

passerelles ; l'eau chante, les oiseaux y viennent boire en l'effleurant de l'aile ; de jeunes couples assis maudissent en silence le passant troubleur d'aveux, tandis que, au dessus d'eux, parmi le fouillis des herbes et des plantes d'eau, sous le ruissellement d'argent de la cascatelle, deux amants de marbre,

pitoyablement nus, s'étreignent, pour l'édification louable des novices et l'encouragement à la procréation. Ce n'est pas beau, beau !.. mais cela sert de repoussoir à la belle nature saine et féconde sans artifices.

Un dernier étage à gravir et nous serons, de nouveau, à la terrasse circulaire de la rue Saint-Eleuthère. Tournés vers le Sacré-Cœur et le réservoir, un contraste s'impose : le tableau de la gigantesque église blanche qui s'enfonce dans le ciel, avec, à ses pieds, le minuscule Saint-Pierre ramassé, patiné, doré, dont l'harmonie des lignes simples l'emporte en grâce surannée, en calme majesté, sur l'orgueil massif du temple qui l'avoisine. Saint-Pierre, au ras du sol, est plus près de Dieu que le Sacré-Cœur rebondi, que le ciel semble aspirer comme une ventouse — et le bon Dieu a du goût !

SAINT-PIERRE ET LE SACRÉ-CŒUR

LE SACRÉ-CŒUR

XIII

ET maintenant demi-tour : face au grand Paris, à l'immortelle cité qui nous apparaît comme une cité de rêve dans le manteau de ses brouillards et de ses fumées.

A nos pieds, que de douleurs agonisent ! Que de désespoirs palpitent ! que d'espérances frémissent ! que de labeurs s'acharnent ! que de pensées s'élaborent ! que de rêves se poursuivent ! que de prières se balbutient ! que de blasphèmes hurlent la révolte ! — Cette enveloppe de brume qui baigne l'énorme ville est, dirait-on, la transpiration du monstre en travail perpétuel. Brumes ! Fumées !... c'est-à-dire, à la fois, le mensonge et la réalité de nos destinées ! Celà est divers et toujours pareil — cela vit et meurt, et revit encore — cela se débat sans autre résultat qu'un jeu d'optique ou le déclanchement, en nous, d'une pensée, d'une étincelle ! Et cela, comme la vie et la mort, est de tous les jours — et cela c'est *nous !*

Fumées !... fumées !... fumées !...

Fumées de la gloire, fumées de l'amour, fumées de la fortune, fumées de l'orgueil, fumées de l'humilité !... Toutes les duperies, toutes les tromperies, tous les mensonges !... tous les doutes ! et

toutes les illusions!... Fumées!... Nuages!... Limbes mystérieux qui cachent les germes des demains!... Impondérables velums qui dérobent à nos yeux des monuments séculaires, demeurés debout, comme des bornes, sur les chemins des révolutions! Encens bleuté ou argenté semé sur la majesté des choses du temps passé — serpents nébuleux, se jouant au sein des foules inconscientes des dangers — exhalaisons forcenées d'un peuple martyr de la vie!

LES FUMÉES DE PARIS

— Grises — elles jaillissent des toits d'une bouffée et se résorbent presque instantanément, comme la buée d'une respiration;

— Rousses — lourdement elles roulent, rougies encore par le soleil qui s'y infiltre avec peine : elles pèsent comme un cauchemar;

— Blanches — de ce blanc éclatant des neiges éternelles, elles s'en vont, légères volutes de boas de plumes. L'air les roule et les déroule en se jouant, puis les déchiquète et elles s'envolent, fins duvets qu'on ne revoit plus;

— Opalines — elles glissent obliquement; de densité moyenne elles ne stagnent ni ne s'élèvent :

gaze douce, enveloppante et molle, l'atmosphère en est imprégné ;

— Noires — elles montent avec rage, par saccades, en tumulte. Elles s'évadent des grosses cheminées, sous des poussées successives ; elles salissent l'azur céleste avec joie, semble-t-il. Et quand, échappées à l'atmosphère proche de la terre, elles sont saisies par les courants aériens, elles s'étalent lourdement en traînées sombres, balafrant comme des traces de doigts sales, le gris perle fragile ou le bleu turquoise du ciel ;

— D'azur — elles montent d'un jet, filiformes et délicates petites fées irréelles. On dirait quelque âme pure qui s'évade — quelque prière en ascension. Sans se déformer, elles se noient dans le bleu de l'espace.

— Gris-violâtre — elles demeurent en l'air, de longs moments. Il faut que le vent les promène, les secoue, puis émiette leurs molécules réfractaires.

Mais que le vent passe, à souffles courts et mesurés, toutes ces fumées roulent sur la grande ville, se heurtent, se mêlent, s'ébattent comme d'énormes et souples chats joueurs sur les toits. Mille silhouettes d'êtres, d'animaux apparaissent, se déforment et se reforment — fantasmagoriques gamahés — en des décors fantastiques toujours renouvelés.

Fumées! fumées!... vues de si haut vous êtes belles et majestueuses. Rêves ou cauchemars, la Butte vous domine! Et, si vous n'êtes que les vapeurs irrespirables d'un moderne enfer du Dante, la Butte vous domine et respire en plein ciel.

LE GRAND INSOLENT

QUE vous déambuliez par la Butte accidentellement ou coutumièrement, vous ne pouvez manquer de rencontrer, là haut, à chaque instant, le plus fantasque de ses familiers. C'est un grand bohème exubérant et malappris, un artiste vagabond et dévergondé, sans domicile fixe, qui se livre aux pires

excentricités. Au tournant d'une rue, il vous heurte en pleine poitrine — et ne s'excuse jamais : plus, même, il prolonge résolument sa poussée, comme une provocation, et vous sifflotte au visage avec une manifeste impertinence Si vous esquissez un geste de protestation, une menace, ou lâchez quelque parole irritée, il se donne le malin plaisir d'envoyer votre chapeau rouler dans la boue, de démolir votre parapluie, de déchiqueter votre journal dans vos mains. Et le voici qui s'en va, ricanant et sifflotant toujours. Vous le croyez parti — vous voulez allumer votre pipe, votre cigarette : pfutt! — il est derrière votre dos et d'un souffle éteint l'allumette.

Cicerone attentioné, galant, vous conduirez des dames à travers les ruelles accidentées?... A l'improviste Il surgit : avec une audace désinvolte il leur prend la taille, les chatouille, les embrasse l'une après l'autre, dans le cou, sous les frisettes qui volent ou bien en plein sur les joues fraîches. Parfois il les entortille gaminement dans les plumes des boas. Sa caresse chatouilleuse devient excessive et, juste au au moment où vous vous fâchez, le voilà qui, prestement, retrousse les jupes de ces dames et met au jour leurs mollets et leurs intimités rebondies!... — C'est intolérable, à la fin! direz-vous!... et pourtant, vous tolérez... vous tolérez parfaitement...

Il se rit, d'ailleurs de vous, de la police, des lois... rien de cela ne l'émeut... sa règle est son bon plaisir... Il est le seul qui ne laisse jamais porter atteinte à son indépendance. Il a un peu le don d'ubiquité : ses jeux sont parfois titanesques et nul n'oserait les contrarier.

Il est aussi quelquefois, très doux, très charmeur, très délicat... très poète. Il sait des légendes tragiques, des romances délicieuses, du plain-chant grave et religieux, des ballades précieuses, des rondeaux bizarrement rythmés, des berceuses au friselis léger, mais il faut que ça lui chante !...

...Ce grand artiste vagabond, familier de la Butte, c'est notre ami le *Vent !*

Ecoutez-le, qui gronde et se fâche :

ONMARTROIS ! où sont mes moulins ?
Au temps jadis, sur la colline
Ils étaient dix, ils étaient vingt,
Qui faisaient la blanche farine !

Montmartrois ! où sont mes moulins ?
...La montagne a perdu ses ailes
Et les beaux songes — je vous plains ! —
N'habiteront plus vos cervelles !

Montmartrois ! où sont mes moulins ?
...Sous vos yeux on les mit par terre :
Vous avez vu les assassins,
Et vous les avez laissé faire !

Montmartrois !... où sont mes moulins ?
Hoù, hoù, hoù...

XIV

EN dehors de la montagne, dans diverses directions, quelques maisons pittoresques, quelques ruelles et passages sont encore à signaler.

Nous citerons les maisons de la rue Marcadet numéros 71 et 75 et la tourelle basse dite « Manoir de la belle Gabrielle » rue du Mont-Cenis : nous en donnons ici les dessins.

71 RUE MARCADET

75 RUE MARCADET

Nous ne pouvons non plus manquer de vous conduire, par l'avenue de Clichy, jusqu'au passage Lathuile. Dans ce passage, l'enseigne d'un marchand de vins « L'Ambassade d'Auvergne » est une variante du « Consulat d'Auvergne » que nous avons rencontré, au faîte de la Butte, à l'angle de la rue Saint-Rustique.

Un peu plus loin, c'est le passage de la Défense, étroit et sombre, où, tout au fond, entre des maisons modernes se trouvent enchâssées de petites maisons basses, à toit de tuile, paisibles et sereines comme des aïeules.

MANOIR DE LA BELLE GABRIELLE

Ce passage donne

asile à un marchand de vins trop ignoré « Au Rendez-vous des Sénateurs ». On n'en peut guère franchir le seuil sans provoquer la méfiance des habitués qui vous embrigadent aussitôt dans la *rousse*. Quelques ***kilos d'Aramond*** copieusement distribués suffiront néanmoins à vous faire rentrer en grâce. Le décor, avec ses solives, ses poutres, ses piliers, ses potences, ses tables de bois et son brasero est sans banalité. Le « Rendez-vous des Sénateurs » ne concurrencera peut-être pas Foyot, mais il lui est certai-

PASSAGE DE LA DÉFENSE

nement supérieur en originalité.

PASSAGE LATHUILE

Au sortir de ces visites somptueuses, pour contraster avec les décors

LE RENDEZ-VOUS DES SÉNATEURS

de l'*Ambassade d'Auvergne* et du *Rendez-vous des Sénateurs* nous ferons une station à la *Taverne de Paris*.

La remarquable décoration de cet établissement est due aux plus fantaisistes virtuoses du coloris. Les peintures de Willette, Steinlen, Grün, Léandre, Métivet, Abel Faivre, etc., sont à la lumière du soir, une féerie multiple, un rêve prodigieux matérialisé.

TAVERNE DE PARIS

D'après WILLETTE

Que de vie, que de grouillement, de fleurs, de flammes, de soleil et de reflets en ces tableaux !

Et la Femme triomphe en ces fresques vibrantes. C'est son culte qu'elles célèbrent, c'est son charme qu'elles font valoir, depuis la verdeur du premier âge, jusqu'au frisson de la puberté, jusqu'au triomphe de la jeunesse insatiable d'amour et de caprices, jusqu'à l'épanouissement majestueux de la maturité.

D'après STEINLEN

Si beaucoup d'établissements publics avaient suivi cet exemple un affinement du goût populaire eut pu en résulter et contrairement au

D'après Grün

dire du joyeux Alphonse Allais : *il eut tout de même mieux valu aller au café!...* puisque le café fut devenu une véritable école d'art. Nous avons pris la liberté de donner ici quelques esquisses d'après Willette, Steinlen, Grün et Léandre, mais quelques coups de plume ne peuvent donner une idée, si faible soit elle, de cette grandiose orgie de couleurs qui réchauffe et grise l'âme la moins artiste.

D'après Léandre

LE VIN DE MONTMARTRE

ou

RECTIFICATION DE L'HISTOIRE PAR UNE HISTOIRE

O LIQUEUR de la Goutte d'or !
O Vin généreux de la Butte
Que le soleil de Thermidor
Mûrissait — du fond de sa hutte,
Suspendue au flanc du côteau,
Un vigneron guetta vos grumes...
Mais. ., quand gicla le vin nouveau
Qu'est-ce qu'il s'offrit pour son rhume ?

Disciple du bon vieux Noë,
Dont l'arche aborda la colline
— Mont Ararat s'est déformé
En Montmartre, ça se devine ! —
Il fit, au doux Dionysos
— Non à Denis le saint martyre, —
Mais à Bacchus, le don d'un los
Dont tout l'Olympe eut le fou-rire.

Et Dionysos — non pas Denis,
Car saint Denis n'est que légende —
But ces vins d'or et de rubis
Et s'exclama : « Que Zeus m'entende !
« Que Zeus donne, à ces montmartrois
« Qui vivront au sein de ces vignes
« L'esprit d'Hellas, le sel gaulois,
« La gaîté, la verve maligne ! »

Ce disant, il but de nouveau
Un hanap, puis encore un autre...
Puis prêcha par tout le côteau
En roulant de gros yeux d'apôtre !
Il but tant et tant de vin d'or,
De vin de rubis, qu'en goguette
A la nuit il buvait encor !
...Et Dionysos perdit la tête !...

N'empêche que les ignorants
De Dionysos, le dieu bachique,
Firent, — sans chercher plus longtemps —
Un saint Denis très catholique!
Traduisant les textes anciens
A la lettre — les triples bêtes —
Ils relatèrent qu'en ses mains
Saint Denis promenait sa tête!

XV

AUX armes citoyens !... voilà l'ennemi !...

De toutes parts, des cités, des rues, des impasses, en houle hurlante et tumultueuse, les barbares ont surgi... Montmartre est envahi ! Montmartre est la proie des hordes sanguinaires ! Les casques, aux cimiers baroques, les lances démesurées, les glaives à large lame, les boucliers bossués étincèlent !... Quel rêve vivons-nous ? Quel étrange anachronisme ?... Voici des centurions, des guerriers, voici les aigles des légions romaines... et la terre sacrée de la Butte est sous leur domination !

Le Passé ressuscite-t-il ?... L'invasion des Gaules n'est-elle plus de l'histoire ensevelie à jamais ?... Les temples de Mercure et de Mars vont-ils renaître au faîte de la colline et jeter bas l'église du vœu national, le blanc Sacré-Cœur ?

— Aux armes citoyens !...

Les guerriers ont pris d'assaut les cafés... et le grand rire des vainqueurs salue les belles filles qui passent. — Les guerriers trinquent à l'amour avec des effets de torse et de mollets !...

Montmartrois, vivez en paix ! Les légions romaines sont en marche pour le bal des Quat' Z'arts !

DEUXIÈME PARTIE

MONTMARTRE JOYEUX

I

LA Foire de Montmartre fut, autrefois, tapageuse, frénétique, alors que les cochons tourneurs des manèges portaient sur leur échine les demi-mondaines les plus diamantées de Paris, accompagnées des entreteneurs cossus, au frac impeccable, au monocle impertinent. Des dessous mousseux et de couleurs tendres ou exacerbées, les pieds, aux fins escarpins vernis, les jambes nerveuses, aguichantes, moulées dans le bas de soie, donnaient

l'impression d'étranges fleurs vivantes, terriblement aphrodisiaques.

Sous l'averse des serpentins multicolores — fils des vierges qui ne sont plus — les spectateurs, en cercle, béatement s'immobilisaient.

Mais les grues sont parties — les grues de haut vol s'entend, — et il ne reste plus guère dans les casseroles, sur les cochons et sur les lapins, dans les autos et les bateaux, que le menu fretin de la noce à bon marché.

La foire de Montmartre toutefois reste, avec celle de l'avenue de Neuilly, une des plus suivies de Paris.

Voici les pitres — zim zim boum!
Les acrobates, les gugusses,
Les arbis criant : Rata Koum!
Les grasses dompteuses de puces!
Voici les lutteurs, les costauds,
— A qui l'can'çon... eh! tas d'mauviettes!...
...Les cochons roses, au galop,
Défilent au-dessus des têtes.
Et, sur leur dos se cramponnant,
Voici, modernes Walkyries,
Des filles qui montrent gaîment
Leurs jambes fines et hardies.

En croupe! Allons les amateurs,
Donnez la chasse aux vierges folles!
Les sourires sont prometteurs
Et déjà les baisers s'envolent!

La foire, avec son tintamare, draîne, par les boulevards extérieurs une interminable cohue. Les êtres sont la proie d'une sorte de soûlerie. Les voix sont rauques, les yeux flambent, les rires sont polissons : c'est de la sauvagerie, de la bestialité. Les parfums grossiers des filles douteuses sèment les désirs, allument les convoitises : l'alcool fait le reste.

Au coin des rues sombres, sans circulation, qui débouchent sur les boulevards, des chanteurs poussent la romance... — Et tout le monde en chœur, au refrain!

Dans un retrait, une aveugle extra-lucide, une lampe allumée sur les genoux, — le feu sacré des antiques vestales, sans doute — vous dévoile, pour deux sous, passé, présent, avenir.

Bras nus, les confiseurs étirent les torsades de pâte de guimauve aux couleurs tendres. Les crêpes graisseuses crépitent sur les plaques chaudes ; les gaufres fument ; les tirs claquent ; les tourniquets grincent ; les balles des massacres sourdement rebondissent ; les balançoires battent leurs mesures contrariées ; les toboggans tirebouchonnants déversent leurs proies à la queue leu-leu ; les aéroplanes décrivent leurs orbes au-dessus du pavé gras !...

C'est la foire !... c'est la foire !...

Et demain matin, passant près de la roulotte-école, le promeneur, surpris, entendra les petits forains s'égosiller en chœur :

B, a : Ba; B, e : Be.....

En attendant qu'ils fassent, eux aussi la parade sur les tréteaux.

Que fait donc l'homme dans la vie, si ce n'est l'éternelle parade !..., et cela pour la satisfaction de sa sotte vanité !...

C'est la foire ! c'est la foire ! —

II

E provincial, comme l'étranger, a gardé dans sa mémoire, de son passage à Montmartre, le souvenir de certains noms d'établissements que le temps n'y effacera jamais : Le Moulin Rouge est de ceux-là. Même au temps où il cessa d'être un bal il conserva encore de son attrait. Il a pourtant perdu depuis la disparition des

célèbres quadrilles ou la Goulue, Grille d'Egout, Rayon d'Or, la môme Fromage, etc... avec leurs partenaires hommes, faisaient les délices des amateurs de chahuts désordonnés.

L'Elysée-Montmartre connut aussi une semblable gloire il y a quelques lustres, ainsi que le Casino de Paris. Nous ne parlerons pas du bal du Château Rouge ainsi que de quelques autres, depuis longtemps disparus. A cette époque Montmartre était une province : l'Ogre-Paris l'avale à grandes bouchées.

L'actuel Moulin Rouge est encore un bal. On y danse les danses excentriques et suggestives.

L'orchestre, aujourd'hui tyrolien, — demain russe, tzigane... ou lapon — rythme les valses chaloupées avec la conscience de professionnels que le gagne-pain commande... et tout est pour le mieux.

Et dans la nuit, promenant les jets aveuglants de ses feux de pourpre, le Moulin Rouge fait tourner ses ailes pointillées d'étoiles d'or. Les papillons et les frêles oiseaux parisiens, avides de mirage, s'y viennent pitoyablement broyer.

*
* *

Nous avons parlé, dans le « Montmartre Pittoresque », du Moulin de la Galette. Ce bal est demeuré sensiblement le même que jadis, sauf qu'on n'y mange plus la galette

que l'on mangeait sous les tonnelles en buvant frais — entre deux parties de balançoires. — C'est le bal du laisser-aller. On s'y entasse aux matinées comme aux soirées. Les airs sont repris en chœur par les

danseurs ; l'orchestre se mêle pour ainsi dire au public et ses facéties provoquent de formidables hilarités, des lazzis, des cris aigus, des bravos effarants. Ah ! le protocole reste à la porte, par exemple. Au Moulin de la Galette on ne va pas pour voir danser : — on danse — on danse à perdre le souffle ; on tourne des heures et l'on n'en sort que congestionné, ruisselant de sueur et la voix cassée d'avoir trop crié.

*
* *

Le bal Tabarin, lui, est un bal-spectacle. Les danseurs, pour la plupart, sont *de la troupe*. Ils tiennent leur rôle et le public se presse autour d'eux.

A Tabarin on organise des fêtes aguichantes : concours de nichons, concours de tailles, concours de mollets, etc... Tous les prétextes à exhibitions plus ou moins suggestives sont saisis. La Femme y est déshabillée par morceaux : aujourd'hui le pied, demain la jambe, un autre jour les hanches, le torse, les seins, la gorge... C'est l'excitation graduée du mâle que l'on y exploite, et le manteau de l'Art est jeté sur tout cela.

Pauvres, pauvres filles !

Danseuses professionnelles, raccrocheuses expérimentées, timides débutantes, jetées aux fauves !...

Pauvres filles !

Et le sous-sol de Tabarin, où de tristes anatomies s'exhibent en maillot chair, aux plis lamentables !!... Que peuvent-elles escompter de cette tactique de frôlement, les misérables filles de joie ! si ce n'est de capter l'éphèbe rougissant, ou le poivrot répugnant ? Flonflons, lumières,

projections multicolores, serpentins et banderolles, pacotille de cotillon, ors, paillons et pierreries, tutus, maillots, jambes frénétiques, gorges nues et poudrées, faces maquillées, yeux avivés, chevelures ondées, aux lourdes torsades,... tout cela n'est que le masque de la joie et tragiques sont les rictus qui se cachent dessous !

Ohé ! ohé ! les noctambules ! Le champagne a grisé les têtes ! toutes les femmes sont gaies, toutes les femmes sont jolies, toutes les femmes vous sourient !...

Ohé ! ohé ! la vie est belle... ohé ! ohé !

III

IL fut un temps où, un peu dans tous les coins de Paris on rencontrait ce qu'on appela les caveaux littéraires. Jusqu'à une heure ou deux heures du matin, en des sous-sols à l'air raréfié, surchauffé par les spectateurs entassés, le gaz, la fumée âcre des cigares et de pipes, les poètes et chansonniers disaient leurs vers, chantaient leurs chansons.

Aujourd'hui, les chansonniers n'existent plus guère qu'à Montmartre.

Les « boîtes » de Montmartre où l'on chante se sont, un temps, inspirées de l'ancien « Chat Noir » de Salis, pépinière d'un nombre considérable d'écrivains, poètes et chansonniers remarquables. Nous relevons en effet, dans la préface que notre très brillant artiste montmartrois Willette écrivit pour le catalogue de sa dernière vente, la liste de cette phalange prestigieuse.

Maurice Donnay, Rey, Edmond Deschaumes, Clément Privé, Emile Goudeau, Jules Jouy, Fernand Icres, Paul

Mado, de Sta, Tiret-Bognet, Henri Rivière, Signac, Raymond d'Abzac, Henri Somm, Henri Pille, Grasset, La Gandara, Steinlen, G. Auriol, Maurice Rollinat, Marie Krysinska, Colibri, Masson, Pothey, Paul Roinard, Quinsac, Félix Decori, Haraucourt, Jean Moreas, Léon Bloy, Villiers de l'Isle-Adam, Robert Caze, Cotelin, Papus, Alphonse Allais, Charles Leroy, Franckel, Léon Delarue, d'Esparbès, Camille de Sainte-Croix, Jean Rameau, Guillaume Livet, Tolbecque, Paul Viardot, Frayerolles, Marcel Legay, Charles de Sivry, Touzi, Gaston Sénéchal.

Tout un livre d'or enfin... Et nous ne voyons guère de noms dans la pléïade nouvelle qui puissent faire oublier ceux-là. Cet ensemble synthétise l'art intégral dans sa merveilleuse variété : fantaisiste, sensitif, satyrique, sentimental, sceptique et humoriste. — Peintres de grâce d'esprit pétillant ; peintres révolutionnaires et chambardeurs ; dessinateurs sobres ou excessifs, méticuleux ou grandiloquents, réalistes ou visionnaires ; poètes aux inspirations les plus bariolées, respectueux de la forme classique ou briseurs des moules anciens ; écrivains catholi-

ques, spirites, hermétistes, naturalistes et rabelaisiens ; chansonniers du terroir, satiriques, bouffons ; tous confiants dans leur labeur vivaient en excellent commerce et sans blesser l'idéal du voisin.

Voilà ce que l'Art doit à Montmartre.

Dans la tournée que nous allons entreprendre à travers les cabarets des boulevards extérieurs, nous constaterons que la verve et l'esprit montmartrois demeurent — bien qu'un certain cabotinage, qui ne fera que croître et embellir, furieusement y sévisse. La belle camaraderie, qui ne s'émeut pas des divergences de vue, n'y est plus guère qu'un vain mot. La question de boutique est tout. Cela cadre mal avec la conception, d'un art large, éclectique et fécond ! Le siècle égoïste en lequel nous nous agitons là encore, lamentablement, pose son empreinte.

Ne soyons pas trop pessimistes, cependant : quelques noms vont encore dignement jalonner notre route.

*
* *

Nous dirigeant de la place Clichy vers la place Blanche, à main gauche, c'est le nouveau cabaret du *Porc-qui-Pique.*

Son enseigne est un rébus sur le sens duquel nous ne nous chargeons pas de renseigner nos lecteurs.

LE PORC-QUI-PIQUE

Au programme : Mérall, le très affable Noël Laut, chansonnier doublé d'un parfait comédien ; Burtey, l'imitateur ; Pierre Alin à la romance délicate et fine ; Bataille et Dereymon ; Rémongin fougueux et convaincu ; Dominus dont l'observation est alerte, et la satire bouffonne.

Là passa — un temps trop court — Leroux, poète sincère aux inspirations élevées. Il était doublé d'un comédien

de la bonne école. Nous ne pouvons que regretter son départ, car il apportait au programme une note d'art imprévue, bien personnelle.

* * *

A la place Blanche, le cabaret du Grelot prolonge ses soirées fort avant dans la nuit : ses vedettes sont de modeste taille.

* * *

Plus loin le cabaret du Chat Noir a pignon sur boulevard.

LE CHAT NOIR

Le cabaret est en sous-sol et, comme cadre, il est la plus pittoresque des boîtes où l'on chante. Chagot conduisant le branle, la séance se poursuit jusqu'à deux heures du matin.

Les pièces d'ombre et les chansons d'actualité s'y succèdent avec, comme interprètes, les chansonniers Vates, Derville, Catalan, — fort attaché à l'œuvre du poète beauceron feu Gaston Couté — Blondin garde-champêtre de Montmartre et enfin Yon-Lug auteur de la fameuse *Ballade des Agents*, Yon-Lug auquel on ne saurait reprocher que de trop restreindre sa production.

LE CIEL

Presque en face du Chat Noi, le *Ciel* et l'*Enfer* érigent, côte à côte, en contraste leurs façades.

Le *Ciel*, tout en bleu, avec des étoiles piquées jusques au faîte, promet, dès la porte, de paradisiaques voluptés.

Porte-clefs, moines grassouillets, séraphins bien en chair, accueillent fraternellement le nouvel élu. Des anges lui servent le bock crémeux ou la cerise à l'eau-de-vie en l'éventant de leurs ailes. De lentes musiques, d'imprévus sermons le baignent d'une onction spéciale et les visions célestes achèvent d'imposer à son esprit la nette perception qu'il a bien conquis sa place au Paradis.

*
* *

Si, victime de la tentation démoniaque, au contraire, vous avez franchi le seuil de l'enfer vous allez ressentir le frisson macabre.

Le décor de la porte de l'Enfer, ensanglanté par des feux rouges, est original. Par une gueule de démon, large ouverte, aux yeux rouges, aux crocs aigus, le visiteur s'engouffre. Les démons cornus et Satanas lui-même, le reçoivent dans une grotte lugubre. Sur des tables phosphorescentes, qui rendent les faces cadavériques, le poison lui est servi. Des voûtes basses, d'énormes serpents se détachent et s'agitent autour des têtes effarées en dardant leurs langues fourchues. La machination est assez tragique.

Mais, rassurez-vous : Satanas est bon garçon. Il signe facilement l'exeat au damné qui a payé son entrée. Comme les morts, jadis, ne franchissaient le Styx dans la barque à Caron que munis du prix du passage, de même, les vivants n'entrent à l'Enfer qu'en payant leur obole.

Le cabaret des Quat' Z'Arts — enseigne célèbre entre toutes — poursuit ses destinées sous la direction de Montoya.

L'œuvre de Montoya est important et varié. Certaines chansons : *Le Macchabée, La*

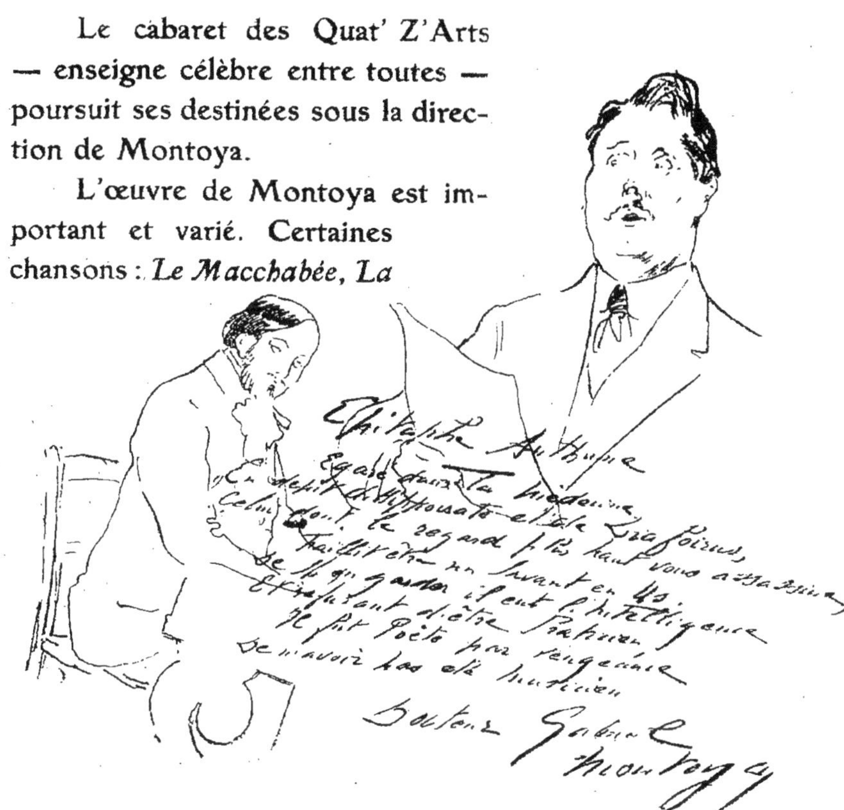

Berceuse bleue, par exemple, ont conquis la rue.

Le docteur Gabriel Montoya est également auteur dramatique apprécié.

A ses côtés, formant un talentueux état-major Hyspa, Ferny, Brienne, Cazol, Manescau, Canson, etc., prodiguent leur verve en des créations heureuses.

Les Quat' Z'Arts, outre des revues alertes et mordantes, donnent des pièces

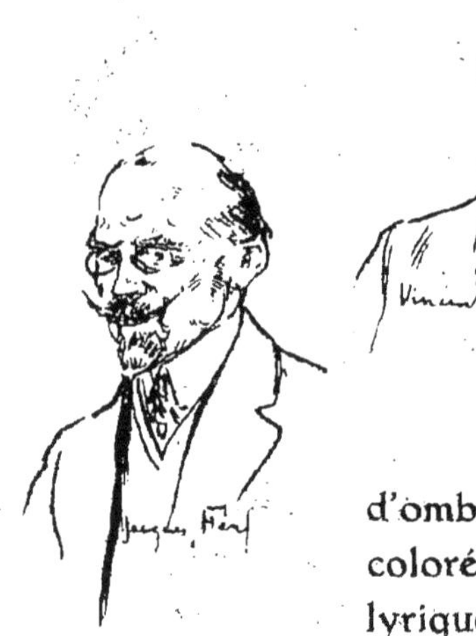

d'ombre et des tableaux en projections colorées, que commentent des poèmes lyriques de belle envolée.

*
* *

La Lune Rousse — direction Dominique Bonnaud, Numa Blès — conserve une vogue, dès longtemps acquise. Les soirées y sont agréables, assaisonnées du meilleur sel gaulois, du plus ardent piment montmartrois. Bonnaud, Baltha, Chepfer, Bastia et Tourtal officient avec exubérance et conviction et le

public n'a pas besoin d'être « chauffé » pour exprimer sa joie avec enthousiasme. Au Logiz de la Lune Rousse se jouent également d'originales revues.

Numa Blès

Blès s'appelle Numa comme Pompilius
Et comme Roumestan son vieux compatriote
Grand comme Déroulède et comme Don Quichotte
Il cisela des vers comme Virgilius
Un chansonnier veillait dans l'âme du poète
Il demandait à naître. Or il advint qu'un soir
L'occasion s'offrit de lancer au Chat Noir
Quelques couplets accompagnés sur l'épinette
Mais il ne s'en tint pas à ce premier couplet,
Il fit mille chansons d'une verve féconde !
Si vous êtes contents, envoyez-lui du monde
S'il vous plaît !

Dominique Bonnaud

Dominique Bonnaud

Bonnaud que ses parents nommèrent Dominique
A conquis à Montmartre un renom d'homme unique
Pour avoir quelquefois piqué jusques au vif
Plus d'un concitoyen de son style incisif.
Tout jeune il eut l'honneur, qui certes n'est pas mince,
En de lointains pays d'accompagner un Prince.
Il visita l'Asie, et l'Inde et le Brésil,
Et déjà s'il n'avait pas beaucoup de braise, il
Se consolait gaiement d'une chanson sceptique.
Aujourd'hui c'est le Maître à la verve ironique
Qui vient, sur ses tréteaux, apporter chaque soir
La contribution directe du Chat-Noir.

Numa Blès

*
* *

Nous pousserons maintenant jusqu'à l'ancien cabaret Bruant, de pittoresque mémoire.

L'engueuleur acerbe et discourtois des snobs et des riches chercheuses de sensations neuves ne trône plus dans son cabaret. Il a délaissé la chanson d'argot réaliste et dramatique, en laquelle il était passé maître, pour le roman-feuilleton, genre dans lequel il est loin d'exceller. Ses collaborateurs : Bedoux, Yvanoff,

CHEZ BRUANT

Buffalot, continuent, entre deux chansons du répertoire, d'*engueuler* le client avec la même faconde... mais cela est moins nouveau !...

*
* *

PROCHE de Tabarin voici le temple de la *Chanson rosse*, la *Boîte à Fursy*. La *Chanson rosse c'est un parti pris :* cela ne peut donc réaliser qu'un médiocre idéal d'art, comme tout *parti-pris*. Mais le bourgeois est facile à épater : il prise la *chanson rosse* de Fursy comme l'*engueulade* de Bruant. Nous aurions mauvaise grâce à y trouver à redire. — La suffisance de Boyer s'appuie sans doute aussi sur cette haute science psychologique — Weil dit des choses amusantes — Marinier, avec son flegme réjouissant, son esprit fécond est, par contre, l'antithèse nécessaire.

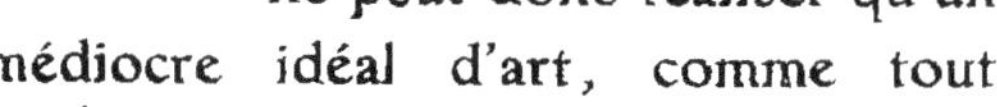

Il prouve que la finesse,

l'ironie, la satire verveuse sans méchanceté, ont une autre portée que la *chanson rosse* qui n'a d'autre but que d'être rosse.

IV

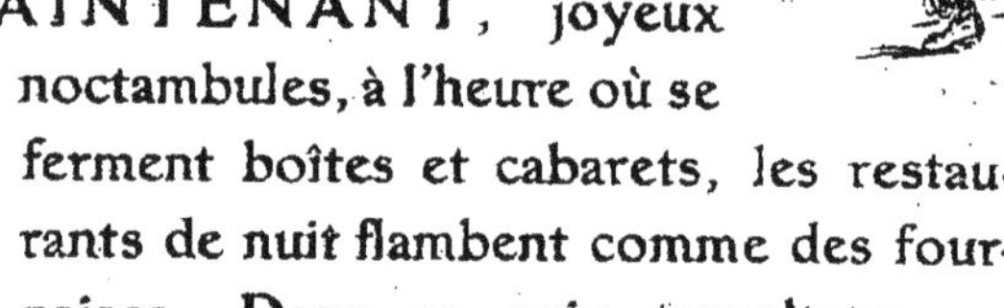

MAINTENANT, joyeux noctambules, à l'heure où se ferment boîtes et cabarets, les restaurants de nuit flambent comme des fournaises. Dans ce coin tumultueux et bariolé de la place Pigalle, bars, établissements discrets à clientèle spéciale, cafés à petites femmes, entretiennent fort avant dans la nuit une animation particulière. « L'Abbaye » et le « Rat Mort » rassemblent autour des tables à soupers les plus démoniaques moinettes, toujours en état de grâce, mais d'une grâce spéciale fort appréciée.

Ohé ! les viveurs de New-York et de Chicago, de Hambourg et de Berlin, de Munich et de Prague, de Londres et de Liverpool, de Bruxelles et d'Anvers, de Saint-Pétersbourg ou de Moscou — voire de Toulouse... ou de la plaine Monceau —

ohé !... buvez frais, chahutez ferme, rassasiez-vous de baisers faciles et vive la joie !

Guitares, castagnettes et banjos, danseuses aux audacieuses contorsions, aux acrobatiques souplesses, aux attitudes voluptueuses, imprègnent l'atmosphère chaude d'une affolante électricité. Le gentleman flegmatique, la dame précieuse, le gandin poseur, l'artiste mondain à l'affût du client, en cette brusque griserie qui vous vient

PLACE PIGALLE

L'ABBAYE

des vins, des liqueurs et des mets, en cette excitation qui naît des piments de la table et du spectacle, ont tôt fait de voisiner, d'échanger des amabilités, des plaisanteries... en un mot, de communier en la franche beuverie.

Ollé ! la brune espagnole ! ollé ! la gitane bronzée !... ollé ! ollé !... vos croupes sinueuses, vos hanches roulantes, vos mollets nerveux allument les désirs et dans la mousse du champagne éclosent les rêves les plus licencieux.

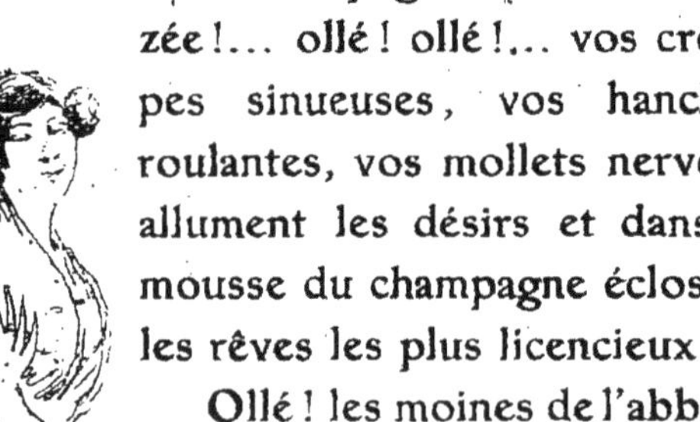

Ollé ! les moines de l'abbaye

des Thélémites, faces joviales et panses rebondies, lutinent hardiment les moinettes aux charmes dévêtus, pendant que, de l'autre coin de la place, les officiants fidèles du « Rat Mort » en *repons*, lancent le gai *de profundis* de la vertu.

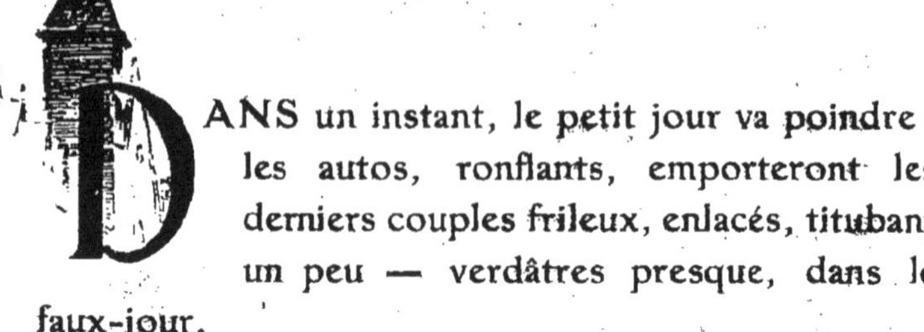

DANS un instant, le petit jour va poindre : les autos, ronflants, emporteront les derniers couples frileux, enlacés, titubant un peu — verdâtres presque, dans le faux-jour.

Une dernière vision de jambes sveltes sous les claires dentelles, l'écho d'un rire lassé, d'une voix canaille de demi-mondaine un peu grise — des souffles de parfums lourds que le vent frais disperse — puis le calme relatif. Bientôt paraîtront les chiffonniers, les biffins matinals, laborieux et indifférents aux spectacles du luxe et de la noce... puis, enfin, le balayeur.

Et, soudain, tout là-haut, dans le silence rétabli, graves, sonores, majestueux, du donjon carré où vibre la Savoyarde, les coups de l'*Angelus*, par l'escalier de l'espace, un à un, descendent vers Paris — vers Paris qui s'éveille et frémit !

LA CHANSON DE MONTMARTRE

UE Montmartre soit un peu la patrie des arts, nul ne le contestera : que Montmartre soit la patrie de la chanson spirituelle, cela s'impose.

Montmartre, en général, n'a pas eu la mémoire ingrate à l'égard de ceux — vivants ou morts — auxquels il dut quelque gloire. Les noms de certains de ses squares, places et rues, l'attestent. Nous ne citerons que pour mémoire la place Pigalle — Pigalle sculpteur — la cité André-Gill poète et dessinateur célèbre qui fut le parrain du cabaret du « Lapin Agile » déformation du « Lapin à Gill » en raison de ce que sur l'enseigne du cabaret figurait un lapin dessiné par lui ; la place Jean-Baptiste-Clément, chansonnier fameux, auteur de la chansons des « Cerises », si populaire en son temps, et du « Semeur » dont la musique fut écrite par Marcel Legay ; la place Émile-Goudeau — poète d'une verve, d'une fantaisie intarissable ; la rue Chappe, l'inventeur du télégraphe Chappe, etc., etc.

De notoires contemporains encore très vivants, heureusement, compléteront ce livre glorieux dont les plaques des rues sont les tablettes si Montmartre sait demeurer reconnaissant. Il nous manque cependant la rue Berlioz et si la maison de Berlioz disparaît prochainement, ce qui est à redouter, il faudra bien que cette lacune soit comblée.

Poètes et chansonniers montmartrois furent innombrables : nous ne prétendons pas à les citer tous, mais quelques-uns s'imposent à notre mémoire que nous rappellerons brièvement ici.

Ce sont : Théodore Botrel, Delmet, Edmond Teulet, Ch. de Sivry, Victor Meusy, Hugues Delorme, Eugène Lemercier, de Bercy, Clovis Hugues, Maurice Boukay... et d'autres, aujourd'hui exilés de la Butte, agrippés par la politique ou d'autres pièges tentateurs.

Avant de clore ce livre par des notes sur deux des chansonniers les plus marquants nous intercalerons ici la musique délicate et nuancée que Brahms composa pour notre *Chanson des Moulins* dont le poème figure à la page 23 de ce livre.

La Chanson des Moulins
Paroles de Ch. Charpentier
Musique de Rabaud
Piano
Chant
Ils é-taient trois jo-lis mou-lins — qui pim-pants cou-ron-naient la
but-te Ils é-taient trois jo-lis mou-lins — qui mou-laient les plus gais re-

Le mou-lin à poi-vre n'est plus!
Le mou-lin à poi-vre n'est plus!
Mt de Valse
Mt de Valse
Xbre - 1912

Xavier Privas, est un poète délicat et sensitif. Il a, en outre, le mérite rare d'être un laborieux acharné.

Après avoir été une des figures les plus marquantes dans Montmartre, il s'est brusquement exilé. A-t-il réellement oublié la vieille patrie? — Non, certainement, il y récolta trop de lauriers — en tout cas, elle, ne l'oublie pas.

Xavier Privas se voue, aujourd'hui à la tâche de vulgarisation de la chanson philosophique, éducatrice et parfois aussi un peu vengeresse — car sa muse stigmatise, avec une belle vaillance, les égoïsmes et les lâchetés. L'apostolat est noble : nous souhaitons, de tout cœur, à son œuvre le grand succès qu'elle mérite.

La Chanson Française

Elle est fraîche, aimable et rieuse
Comme une aurore de printemps;
Elle est simple ou malicieuse
Suivant son humeur ou le temps.
C'est une adorable fillette,
Au clair et musical babil,
Gentille, mignonne et coquette
Comme un matin fleuri d'avril

Xavier Privas

MARCEL LEGAY, le doyen des chansonniers, est lui aussi poète convaincu, musicien original et noblement inspiré, La hauteur de sa pensée se manifeste, à chaque pas, au cours d'une carrière déjà longue, et la jeunesse moderne lui garde une admiration émue car en son œuvre entier il fut bon, sincère et puissant.

Nous nous plairons à résumer Marcel Legay en trois de ses chansons, les plus chères à son cœur. La première — qui accompagne ici son portrait — est la chanson du pays natal, la chanson de l'Artois. La deuxième est la chanson du pays adoptif, l'Anjou, l'Anjou dont les eaux courantes sont le bain de Jouvence où le poète revivifie son inspiration. La troisième, enfin, est la Chanson de Montmartre, de Montmartre qu'il a conquis avec sa fougue alerte d'ancien chasseur à pied de 1870. Nous sommes heureux de clore ce livre sur cette dernière chanson écrite en collaboration avec lui. Elle est l'hymne reconnaissant à Montmartre, que nous dédions, avec gratitude, à tous ceux qui l'aiment et le défendent.

Écoute, ô mon Cœur
moderato
Écoute, ô mon Cœur
écoute la harpe Du vent de chez nous du pa
ys d'Artois C'est un très vieux air des bords de la
Scarpe Qui chante aujourd'hui tout comme autrefois.
Marcel Legay.

LA CHANSON DE MONTMARTRE

Paroles de Oct. Charpentier — *Musique de Marcel Legay*

REFRAIN
_re Pa _ ris Pa _ ris si ta gloire im _ mor _
ff
pressez
cresc
a Tempo
_telle Ray _ onne, au loin, comme un pha _ re puis _ sant C'est que Mont _
suivez
cresc
_martre à ta ci _ me é _ tin _ celle Pa _ ris Pa _
f
_ris! c'est ta gloire im _ mor _ tel _ le
ff
Pour finir

Refrain

Paris ! Paris !... si ta gloire immortelle
Rayonne au loin comme un phare puissant,
C'est que Montmartre à ta cime étincèle !
— Paris ! Paris ! — c'est ta gloire immortelle !

I

Commme un récif sur l'océan
Montmartre, sur Paris-Géant
Se profile dans la lumière ;
Au-dessus du gouffre brumeux
Il s'enfonce en plein dans les cieux,
Sainte Acropole millénaire. *(Refrain)*

II

Rose-pourpre des matins clairs
Midis d'or, rutilants et fiers,
Cuivre ardent des couchants de braise,
Que de feux baignent ton sommet,
Montmartre, diamant parfait
Du creuset de Paris-Fournaise. *(Refrain)*

III

Tes poètes et tes chercheurs,
Tes artistes et tes penseurs
Tissent, toujours, ta renommée !
Dans leurs yeux flambent les espoirs
Comme fulgurent, certains soirs,
Les rayons d'or dans la nuée. *(Refrain)*

IV

Les amours qui naissent là-haut
Ne connaissent pas le sanglot :
La Chanson leur prête ses ailes.
Les baisers sont pris et rendus :
Trois de volés, deux de perdus !
— Au Diable les amours fidèles !

Refrain

Paris, Paris !... si ta gloire immortelle
Rayonne au loin, comme un phare puissant,
C'est que Montmartre à ta cîme étincèle !...
Paris ! Paris ! — c'est ta gloire immortelle !

Janvier 1913

Octave CHARPENTIER.

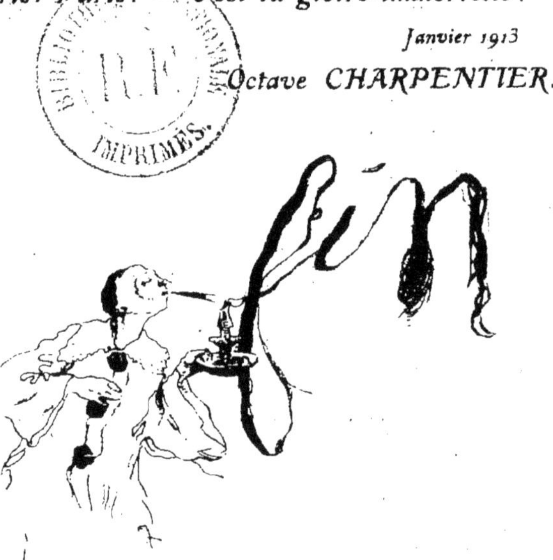

BIBLIOGRAPHIE SOMMAIRE DE MONTMARTRE

due à la cordiale collaboration de M. Lucien Lazard du Vieux Montmartre

---

Sans parler des historiens généraux de Paris tels que Sauval et Lebeuf; des topographes comme Jaillot; des auteurs de guides comme Piganiol de la Force et Théry; des archéologues comme Caylus, qui tous dans leurs œuvres ont consacré quelques pages à Montmartre; des auteurs d'histoire religieuse comme les bénédictins qui ont écrit le *Gallia, Christiania,* ou le Père Hélyot, dans son *Histoire des Ordres monastiques* qui ont donné un chapitre sur l'abbaye de Montmartre, on peut constater qu'avant la Révolution, il n'a été écrit qu'une *Histoire de Montmartre* et qu'elle est perdue, n'ayant jamais été imprimée, et le manuscrit n'ayant pu être retrouvé; elle était due à un savant remarquable, Barbeau de la Bruyère, qui mourut à Montmartre, rue des Martyrs, le 20 novembre 1781.

L'époque moderne est heureusement plus féconde.

Citons en premier lieu la collection des fascicules, au nombre de 71, de 1886 à 1913 de la société *Le Vieux Montmartre,* 42, rue d'Orsel; puis viennent par ordre chronologique, les travaux dont la liste suit :

Barginet de Grenoble : *Montmartre avant et après le déluge,* dans *Le Livre des Cent-et-Un,* tome xii. — Paris, Lavocat, 1833.

Guilhermy (F. de) : *Montmartre,* mémoire présenté à l'Institut en 1842, et publié *intégralement* pour la première fois en 1906, par la société *Le Vieux Montmartre,* volume de 163 pages in-8°.

Chéronnet (D.-J.-F.) et Ottin : *Histoire de Montmartre.* — Paris, Bréteau et Pichery, 229 pages in-12, 1843.

La Bédollière (Emile Gigault de) : *Le Nouveau Paris* — xviiie arrondissement. — Paris, Barba, in-4°, 1860.

Trétaigne (Léon-Michel de) : *Montmartre et Clignancourt*, études historiques. — Paris, Benjamin-Duprat, 256 pages in-8°, 1862.

Barthélemy (Edouard de) : *Recueil des Chartes de l'Abbaye royale de Montmartre*. — Paris, Champion, 346 pages in-8°, 1883.

Jonquet (le père Em.) : *Montmartre autrefois et aujourd'hui*, deux éditions l'une in-12, l'autre in-8°, illustrée. — Paris, Dumoulin, 1890.

Renault (Georges) et Chateau (Henri) : *Montmartre*, dessins, portraits et illustrations de Ballureau, Buret, E. Cohl, etc. — Paris, Flammarion, in-12, 1897.

Montorgueil (Georges) : *La Vie à Montmartre*, avec 150 lithographies originales par Pierre Vidal. — Paris, Boudet, in-8°, 1899.

Sellier (Charles), conservateur-adjoint au musée Carnavalet : *Curiosités historiques et pittoresques du Vieux Montmartre*. — Paris, Champion, 346 pages in-12 carré, 1904.

Lazard (Lucien) : *Montmartre en peinture*, fascicules de la Société d'Iconographie parisienne, avec 12 photogravures. — Paris, in-4°, 1908.

Lazard (Lucien) : *Il y a cent ans ; Promenade à Montmartre*, dans le 2e fascicule du *Vieux Paris*. — Eggimann, édition in-4°, 1912.

Warnod (André) : *Le Vieux Montmartre*, 1 volume 3 fr. 50. — Paris, Figuières et Cie, 7, rue Corneille, 1913.

On n'a pas cru devoir citer une ou deux publications de luxe qui n'ont pas été mises dans le commerce et qui sont par conséquent d'une consultation fort difficile, comme le livre de M. Borderel. Enfin, pour les amateurs d'inédit, on peut mentionner une histoire de Montmartre manuscrite et qui mériterait de voir le jour. Elle est intitulée : *Le Clocher de Montmartre*, histoire de cette commune par les registres de sa paroisse (1630-1792), par Parent de Rosan : elle forme le tome 56 des manuscrits de sa collection, conservés à la bibliothèque populaire de la mairie du XVIe arrondissement, où on peut les consulter chaque jour de 4 à 6 et de 8 à 10 heures du soir, 16 à 18, 20 à 22 heures suivant l'horaire de l'indicateur officiel.

CET OUVRAGE A ÉTE
ACHEVÉ D'IMPRIMER
SUR LES PRESSES DE
L'IMPRIMERIE D'ART
" LE CROQUIS ", 4 et 6,
RUE BEZOUT, A PARIS
LE 28 FÉVRIER 1913.

IMPRIMERIE D'ART
« LE CROQUIS »
9, place de la Bourse
∘ ∘ PARIS ∘ ∘

www.ingramcontent.com/pod-product-compliance
Ingram Content Group UK Ltd.
Pitfield, Milton Keynes, MK11 3LW, UK
UKHW020118200726
13856UKWH00002B/608

9 782011 931283